一本讓女人抓住男人的談愛教本

李意昕◎著

原書名：女人是水，男人像魚

前言

男人和女人是一個永遠都講不完的話題。

現代社會越來越多元化，人們可以接受各種各樣的生活方式，傳統的婚姻模式之外，還有大量的獨身主義族群和同性戀族群，這些曾經被認爲離經叛道的行爲正逐漸受到更多人的認可和理解。現在的社會也越來越浮躁，城市裡匆匆忙忙閃婚閃離的人們，酒吧裡醉眼迷離的捕捉一夜情的人們，身邊只敢愛不敢負責的人們……我們的愛情和婚姻正在經受巨大的挑戰，一切都充滿了變數，一切都充滿了未知。可是無論世界怎樣改變，異性相吸永遠是對絕大多數人都生效的自然法則，愛情永遠是男女之間值得歌頌、值得憧憬的一種美好感情，家永遠會是我們休憩和療傷的港灣，婚姻永遠是值得我們用心去建造和守護的堡壘。在這樣光怪陸離、充滿了不確定性的生活裡，找到並抓住自己的愛情，發現自己終有所屬，是一種再棒不過的感覺。

女人都希望有個好男人來愛她，給她希望，給她承諾，給她甜蜜也給她呵護，只是世事繁雜，我們很難在人海裡分辨出到底誰才是在對的時間出現的對的那個人，即使夠幸運發現了，找到了，也可能因爲妳的沉默和羞澀而讓緣分擦肩而過，或者因爲妳的貿然出擊嚇退了對方。好男人和眞摯的愛情都已經成了稀有資源，要想得到他們，非要認眞花點心思，用點技巧不可。機會面前並不人人平等，機會只青睞有準備的人。妳要做的是日夜盛裝而待，帶著一顆美麗的心，等妳今生要等的那個人，對著他巧笑倩兮，美目盼兮，讓他終於對妳伸出手來，將妳的手心收藏在他的手心裡。

這世上充滿了誘惑，即使妳得到愛情，也未必能得到他許諾給妳的婚姻；即使得到婚姻，也未必就能有個完美的結局。締結婚約那天起，才僅僅是剛步入一個嶄新的開始，兩個人的相處是一門學問，做得不好妳就會如困水窪，輾轉反側，做得好當然就可以如魚得水，盡情遊逸。

很多看似美麗浪漫的邂逅其實早有計畫，很多看似妙不可言的愛情其實早被安排，很多表面光鮮的伴侶其實早已是傷痕累累，劣跡斑斑，很多當初看來並不匹配的人們卻得到了最後的幸福……幸福，最主要的是要自己認可，不必太在乎別人的看法，不必苦苦維繫一個虛有其表的氣泡。對於幸福，一百個人會有一百種解讀，只要妳認爲自己得到了想要的幸福，妳可以完全無視別人的唏噓；只要妳最終得到了屬於妳的幸福，沒有人會去苦苦追問一切的緣由和過程。

男人的生命裡永遠都離不開女人，就好像魚離不開水，讓我們一起解讀男人、識別男人、吸引男人、把握男人，讓妳得到自己想要的那條魚，讓妳成爲魚兒永遠都離不開的那一汪水。

目錄

第一章　魚一樣的男人

第一節　男人如魚

蒂姆·伯頓（Tim Burton）執導的電影《大智若魚》充滿了夢幻色彩。主角愛德華·布魯姆到過很多奇特的地方，有過很多奇妙的經歷，遇到很多特別的人。他有自己深愛著的女人，他用眞心和浪漫的手段得到了或者說搶到了桑德拉的心；而同時，那個與他相遇太早，小他十歲的小女孩珍妮癡癡等候了他一生……在影片的結尾，他的兒子爲他的傳奇故事續上了一個完美的結局，他被放入河中，變成他自己故事裡的那條大魚，游走了。於是這個父親的一生和這條大魚糾纏在一起，亦眞亦幻。

這樣的人生，應該是絕大多數男人都嚮往的吧，豐富而有趣的經歷，與自己終生相守的伴侶，還有其他女人的景仰和愛慕。當最後愛德華·布魯姆變成了一條大魚，導演藉他之口表明了想說的話——男人這種奇特的生物原來跟魚很是相似，就如同影片開始的那一句話：有些魚人們抓不到，不是因爲牠們壯碩敏捷，而是因爲牠們擁有別的特質……

男人像魚一樣渴望自由，魚一天到晚不停的游，男人則是一輩子都不放棄那顆騷動的心。他們嚮往更廣闊的空間，嚮往自由輕鬆的生活，他們睜大了眼睛，在所有新奇的環境裡汲取快樂。

魚是沒有婚姻的，牠沒有固定的伴侶。世界上專情的動物很多，天鵝是標準的一夫一妻，至死不渝，大雁一生只有一個配偶，狼和獅子都是專情、很有家族感的動物，而魚就不同了，魚只在發情期交配，完成繁衍後代的任務之後就「相忘於江湖」，不需要對伴侶、對後代負任何責任，魚的伴侶更多的是一種露水情緣。

看到這裡，很多男人可能要抗議了，妳是說男人不專情不負責任嗎？請不要激動，從某種程度上來說，男人確實是。身爲比魚高好幾個等級的高等動物，男人無論是生物性還是情感性都更複雜，不僅涉及到自然屬性，還涉及到社會屬性。男人當然是很重感情的，但如果說到專情，就差點兒意思了。

男人的愛飄忽不定，他可以同時對幾個女人都抱有曖昧之心，可以同時對不同類型的女人都表示欣賞和愛慕。男人的愛更隨性一些，所以他們可以把愛與性分開，所以他們不愛了就可以瀟灑的說再見，所以他們可以「萬花叢中過，片葉不沾身」。經常聽到有女人抱怨說：「男人翻臉比翻書還快，他們愛著的時候對妳眞的很好，可一旦不愛了也眞的很絕情。」一個男人，一輩子不可能只愛一個女人，即使身處婚姻之中，也很難保證不對另外的女人動心，婚姻對於他們而言是違背和約束了他的自然屬性，是身爲社會人的一種必須遵守的規則，而不是一種自律。時至今日，雖然婚姻關係已經不再穩固，雖然感情變故比比皆是，但「婚姻」仍然是男人對女人的最大承諾，仍然是他們對於愛情最大的尊重。婚姻從某種程度上說，只是男人合法與一個女人生活的必要模式，卻不能保證他不變心，也不能保證他從此就收斂性情。

魚是勇敢與獨立的。無論是哪種生殖方式，都注定了魚自出生那天起就成爲一個獨立的個體，牠必須自己設法逃避天敵，自己去完成對於外界的認知，而男人也是一樣。男人比女人更獨立，從遠古社會起就比女人承擔著更爲沉重的養家責任，他們要狩獵，要抵禦外敵，而即使到了今天人人喊著男女平等的年代，男人仍然被要求更成功、更強大一點。從男人一出生開始，父母對他就有了很高的期望，從小教導他要堅強勇敢，要像個小男子漢，要獨立去面對困難和問題，才能應對今後的壓力與競爭。

再強悍的魚都只能生活在牠特定條件的水域裡。淡水魚不能放入海洋，鹹水魚容忍

不了江河之水；淺水魚承受不了深水的巨大壓力，深水魚也不能適應淺水生活。牠們在各自的水域裡是自由的，但不能突破這個基本的框架。男人也是如此。他身體裡最本性的東西決定了他的生活，一個心高氣傲的男人絕對不能滿足於平凡生活，而一個知足常樂的男人也不會在名利上與人明爭暗鬥。

除了心性以外，家族對於男人而言就好像是魚兒生活的水域。他的成長過程裡耳濡目染，處處帶著印記，行事作風也都會有類似的風格。而女人大概是因爲骨子裡「嫁做他人婦」的念頭，受環境的影響相對會小一點，女人對環境有更強的適應能力，而男人有著更強的家族傳承性。都說故土難離，葉落歸根，男人在這方面表現得更明顯，他們有著更深的家鄉情結，年少時或許離家闖世界，年老時則會渴望重回故里。

有一段很流行的對白是這樣說的。「魚對水說，妳看不見我的眼淚，因爲我在水中。」水對魚說：「我能感覺到你的眼淚，因爲你在我心中。」拋掉煽情的因素，我們可以發現，從魚身上確實是看不出牠的情緒變化，牠永遠平靜的瞪著眼，彷彿面對一切都能淡然處之。男人在這一點上也像魚，他們很善於掩飾自己的情緒，尤其是一個成熟的男人，他們完全可以做到泰山崩於前而面不改色心不跳，究其原因，男人通常把感情外露看作軟弱幼稚的表現，而且在男人與男人博弈的場面裡，就像高手過招，誰先被對方看透，誰就處於劣勢，於是他們被迫讓自己看起來理智、冷酷、喜怒不形於色，一副高深莫測的樣子。但這樣的掩飾一旦成了習慣，就連他們身邊的人也很難分出真假了，所以很多情侶分手時，男人明明捨不得，心裡的眼淚都流成河了，也還是會裝作無所謂。

據說魚的記憶只有七秒，七秒之後牠就不再記得曾經的事，牠的面前就是一個新的世界。不知道這事是真是假，不過看好多魚兒一輩子都在魚缸裡怡然自得的游來游去，從來不顯得有什麼厭倦和煩悶，那麼，也許這是真的吧。男人呢？男人的記性倒沒有真的那麼不好，但他們有時候確實會選擇性失憶。女人往往記得所有的瑣碎事情，她與他的第一次牽手、第一次親吻、第一次雲雨，他對她天長地久的承諾，女人有時候就是靠這些溫暖的記憶活著。可男人不會，尤其是他們情到濃時的那些誓言和承諾，等情淡了，也就褪去了，他不再記得說過永遠愛她，不再記得說要娶她要給她一個家，也不再記得她所有的好和曾經給他的感動，愛情沒有了，她也就成了他生命裡的陌生人，尤其當他又有了新的女友，他們一起看海看星星時，他不會記得他的前一段感情裡也有過如

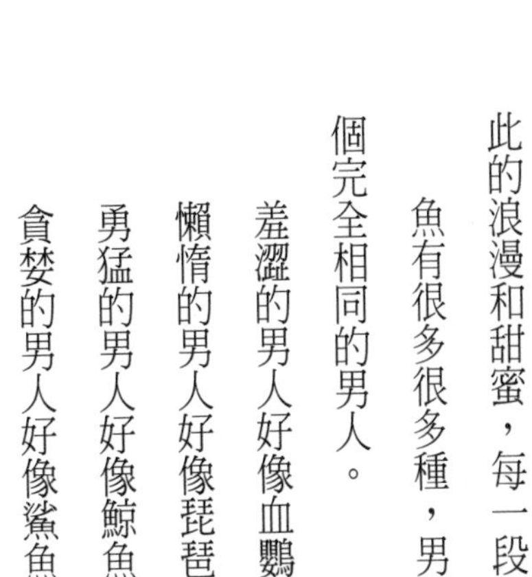

此的浪漫和甜蜜，每一段經歷都是嶄新的。

魚有很多很多種，男人也有很多很多種，世界上沒有兩條完全相同的魚，也沒有兩個完全相同的男人。

羞澀的男人好像血鸚鵡，臉頰紅紅的惹人憐愛。

懶惰的男人好像琵琶魚，依附在別人身上揀點殘羹冷飯。

勇猛的男人好像鯨魚，無所畏懼勇往直前。

貪婪的男人好像鯊魚，什麼都想吞進嘴裡。

陰毒的男人好像河豚，擺著憨態可掬的樣子，卻能致人於死地。

衝動的男人好像鬥魚，看誰不順眼都要鬥個你死我活。

健忘的男人好像藍藻魚，只有七秒鐘的記憶。

自戀的男人好像孔雀魚，抖著華麗的尾鰭四處招搖。

乏味的男人好像風乾魚，堅硬腥澀無法下嚥。

沒有理想的男人好像鹹魚，連翻身的權利都不能自己掌握。

女人被曹雪芹稱爲「水做的骨肉」，不管是柔情似水還是水性楊花，女人與水有扯不斷的關聯。女人似水，男人就如魚，不管是淡水海水還是清水混水，男人是不能脫離女人而存在的。魚很難抵抗魚餌的誘惑，明知有危險也要一再試探著吃上一口，而男人很難抵抗女人的誘惑，就好像魚永遠離不開水。

第二節　臨淵羨魚，不如退而結網

單身還是結婚

我們身邊經常有這樣的例子，樓上張三事業有成帥氣溫和，但妻子貌不驚人平凡遲鈍；隔壁李四經商有道精明儒雅，可妻子刁蠻任性頗有河東獅遺風；而那些看起來或美麗或賢淑或精靈或爽朗的女子，卻有很多在感情路上坎坷跌宕屢戰屢敗，折騰到筋疲力盡卻依舊孑然一身。她們的心願分明很簡單，只是找個彼此喜歡、彼此懂得、彼此珍惜的人，好好過一輩子，營造屬於自己的幸福，畢竟人生漫長的歲月裡，一個人太孤單，需要找個人做伴。

世界上有男女兩種性別，就注定了很多的悲喜和糾纏，注定了很多的緣分和錯過，注定了很多的美滿和離別。愛情當然不是生活的全部，可是生活裡如果沒有了愛情將變得無味和慘澹，像一場沒有聲音沒有色彩的黑白默片，像赴一場沒有美酒和調味料的盛宴，像演出一場沒有觀眾沒有掌聲的舞臺劇。

錢鍾書的一部《圍城》，以他深入骨髓的洞見、通達超脫的智慧，道盡了婚姻內外的人生百態：「婚姻就像一座圍城，城外的人想進來，城裡的人想出去。」想進去的人以爲進去後就再無煩惱，有人照顧，有人傾訴，有個安定的家；眞正進去了的人又覺得不自由不暢快，總懷念那些在婚姻裡失去了的東西。所謂有所得必有所失，世界上沒有完全穩賺不賠的生意，沒有百利而無一害的事情。圍城，進還是不進？這是有關機會成本的問題。

機會成本本來是經濟學裡的一個重要概念，是指在經濟決策過程中，因選取一個方案而放棄其他方案所付出的代價，或者喪失的潛在利益。機會成本並不是眞的成本，而是妳爲自己的選擇所要付出的代價。其實在日常生活裡，凡是有選擇的地方，我們都可以找到機會成本的影子，譬如有一盤水果，妳可以任選一種來吃，如果妳選擇了蘋果，那麼那些妳沒吃到的荔枝、櫻桃、鳳梨等便是妳的機會成本。譬如妳在找工作，同時有幾份工作可以挑選，妳選擇了做程式設計師，就不能去跑業務；妳選擇去外商，就喪失了進入本土企業的機會。每一種選擇的背後都有不同的人生和經歷，魚與熊掌不可兼得。那麼婚姻的機會成本呢？

先來看看單身的妳所擁有的吧。首先是自由。不論對男人女人而言都是如此，這是單身最大的好處，也是衆多單身男女徬徨著不願意進入圍城的一個重要因素。單身就意味著妳可以按自己的喜好生活，可以按自己的需求來安排一切，不用刻意去迎合別人，不用收斂和約束自己，不用向別人彙報行蹤。男人不必陪著女人逛街，女人也不必替男人洗臭襪子。晚上不想睡？那就K歌玩遊戲看書聊天發呆，不會有另一個人受妳影響而休息不好；週末不想起？那就懶懶的綣縮在床上，睡到太陽曬屁股，不會有人擰著妳耳朵、捏著妳鼻子大聲放搖滾樂；可以理直氣壯的有很多異性朋友，不怕有人會吃醋說妳分給他的時間太少；可以去任何想去的地方，玩任何想玩的遊戲，吃任何想吃的美食，前提是妳錢包夠鼓。

其次，妳會有更多的個人時間，因爲不需要跟另一個莫名其妙的人培養感情。這個時間妳可以用來休息，可以用來學習，可以用來鍛煉身體，還可以用來加班。相對於人而言，工作是比較不容易背叛妳的。

再次是不怕受傷，因爲根本無處用情，也就無所謂背叛和欺騙。人與人的相處是門很玄妙的藝術，兩個再相愛的人在一起都會有謊言，會有猜忌。每一段愛情開始的時候都很甜蜜，而結束的時候多留下傷痛與遺憾。愛得愈深，傷得愈重。如果徹底不愛了、單身了，就不會再有人能刺到妳心底最柔軟的那個角落。

單身的妳還有更大的空間發展妳的愛好。因爲有屬於自己的空閒時間，有可以任自己支配的金錢，不用把精力放在家庭、孩子和另一半身上，就可以儘量附庸風雅陽春白雪，彈彈琴跳跳舞，寫寫字作作畫，不用整天淹沒在家庭瑣事和家務活裡。喜歡運動的可以約三五好友，一起玩到酣暢淋漓，喜歡看書的可以泡在圖書館裡做個書蟲，喜歡旅遊的可以背起行囊去自己想去的地方，飽覽大好河山，體會人文風情，運氣好還可以成就一段豔遇。

單身的妳未來有更多種可能，公司安排妳進修或者異地工作？一個更有前途的新行當在向妳招手？妳想去非洲做義工……對一個單身的人而言，這些都不是很大的問題，但如果妳已身入圍城，就不得不考慮家人，考慮妳對他們承擔的責任，是不可以擅自離開的。單身在某個意義上相當於延長了妳的青年時期，可以有更長的時間做自己想做的事情，結識自己喜歡的人，天馬行空的做夢。

只是人年歲漸大，就越容易感覺孤單，越容易對生命產生恐懼，越容易對親人產生

依賴，這個時候依然一個人就難免會覺得晚景淒涼，這種情況下還要過得輕鬆快樂自在，就要有比平常人更豁達的心境和更堅強的神經。自從有人的歷史以來，男女的組合就天然存在，最重要的一方面當然是爲了種族的繁衍，這是所有動物的本能；另一方面，這種模式演化了這麼久而依然存在，就說明婚姻模式一直到今天都是最適合的，能夠滿足人的生理和心理層面需求。

婚姻帶給我們的，最直接也最重要的概念，就是一個家。家對我們而言，不僅是物質上的需要，同時也是精神上的需要。有家會讓我們感覺不孤單，離開再遠都不覺得沒有根，再苦再累心裡都會有希望。一個溫暖的家帶給我們的，是安定感，就好像一個房地產的廣告詞：家，是放心的地方。

婚姻可以培養人的責任感。人都是一點一點成熟起來的，成家可以幫助我們看清未來的路，認識到自己肩上的擔子，瞭解自己應該負的責任。婚姻是兩個人互相負責，不再是單身時的天馬行空，做任何事要考慮對方的感受，要從對方的立場考慮，要做出對兩個人而言都最優化的選擇。

兩個人的結合可以延續血脈，雖然現在爲數不少的人選擇做頂客一族，但延續血脈依然是婚姻最直接的作用。中國的文化是講究延續傳承的，古語就有「不孝有三，無後爲大」的說法，孩子也被稱作是愛情的結晶，讓感情以生命的方式繁衍，生生不息，從孩子的身上，妳可以得到最大的滿足感和成就感。有很多初爲人父母的朋友，在看到嬰兒第一眼的時候都激動的哭了，說一瞬間覺得很聖潔很神奇，一瞬間覺得自己眞的長大了。

孩子可以促使妳學會感恩。有句老話叫做「養兒方知父母恩」，說的就是如此。只有自己有了下一代，在日復一日滿懷著欣喜的忙碌和操勞中，妳才能體會到父母的用心。當妳不休不眠的給孩子餵奶換尿布，當妳半夜抱著孩子去醫院，當妳督促著孩子看書學習恨鐵不成鋼……這時候妳就會想到，當初妳的父母也是這樣殷切的望著妳，把最好的東西都給妳，希望妳健康成長，茁壯成才，妳才能最眞實的瞭解到他們的良苦用心和無私的付出。感恩是人的情感裡不可或缺的一環，感恩教會我們珍惜，教會我們思考，教會我們懂得如何生活。美國的感恩節是個很不錯的節日，Thanks Giving Day，任何妳所擁有的都不是天上掉下來的，任何人對妳的好都不是理所當然的，知道珍惜，才能留住妳想要留住的東西，不論是物質還是感情。

穩定的婚姻生活可以讓妳更健康。完整的健康概念包括生理和心理的。先說生理上，也就是妳的身體健康。有家庭的人比單身的人有更穩定的一日三餐，而且多是愛心牌，飯店裡的菜式大多就如同露水情緣，夠美麗夠刺激，但是妳天天露水情緣試試？身體肯定是受不了的。家常小菜，果蔬清粥，才是最滋養人的。正常的婚姻生活還可以讓妳有規律的作息和性生活，生物時鐘不會紊亂，降低了內分泌失調的症狀。結了婚會有另一個人關注妳的身體狀況，有些小徵兆是我們自己都難以察覺或者會忽略的，而另一個人也許會恰好發現：臉色暗沉看起來沒精神啦，額頭摸著有些燙手哦，淋巴上怎麼長了個囊腫呢？趕緊去看醫生，把疾病扼殺在小苗狀態。而且妳生病時，會有人端水餵藥噓寒問暖，不會像單身那麼淒苦。問及很多單身朋友最怕的是什麼，答案通常都是生病，尤其是一個人在外打拼的單身一族，生病時人的精神本就比較脆弱，再孤單的對著涼鍋冷灶，更覺淒慘。

再說心理上，未婚之人會受到家人朋友不厭其煩的催促，更有甚者會懷疑妳是否心理有問題、性取向有問題等等。已婚的就不用面對這些問題了，可以盡情享受婚姻帶來的穩定和家人帶來的溫馨。每天夜裡可以觸摸到熟悉的身體，每天清晨可以看到枕邊親愛的那張臉，每個週末可以結伴去走親訪友，或者郊遊或者一起睡懶覺，即使是做家務，也比一個人做要有趣得多。已婚之人更少感覺到孤單寂寞，更多的感覺到生活的溫暖和希望，有助於形成更積極主動的人生觀。尤其是女人，女人愛嘮叨，嘮叨是女人緩解壓力的方法之一，結婚了就意味著有個人要貢獻出自己的兩隻耳朵，妳不用怕自己被悶瘋。家庭成員之間的交流，表達自己的悲喜情緒，傾訴自己的各方面需求，報導街頭巷尾的八卦傳聞，或者是交流公司裡的工作和人事，有可能並不能對事情本身有什麼推動，但很多事情說出來就比悶在心裡的好。如果說有家的人是長在地上的一棵樹，單身的人就好比水裡的輕舟、飄在天空的風箏，舟與風箏或許可以走得更遠，飛得更高，看到更罕有的景致，但樹更牢固，經得起風雨挫折，並可以從土地中源源不斷的汲取養分和力量。

妳適合結婚嗎？

所謂捨得，有捨才有得，任何事情都具有兩面性，妳不可能同時獲得所有的好處，而規避掉所有的壞處。感情方面也是，單身或者婚姻就像是一體的兩面，有多少優點就

有多少缺點。妳在不同的時期、不同的心理驅使下可能會有不同的選擇，而最終妳要什麼樣的結果，取決於妳更傾向於哪一種生活狀態，取決於妳在哪一種選擇裡可以活得更快樂。

1.**妳出生於什麼樣的家庭**。這不是指家庭的金錢地位，而是妳是否成長在一個溫馨和諧的家庭裡。小時候的成長經歷，是形成一個人脾氣性格、價值觀、人生觀的重要基礎。一個在父母相親相愛、家庭氣氛溫暖隨和的情況下長大的孩子，受父母的影響，自然也會覺得婚姻是件很美好的、符合人性的東西。而父母爭吵不斷，和離異、單親家庭裡的孩子，往往容易走極端，一是因為愛的缺失而更加渴望，比一般人更希望得到別人的關心和愛，更希望有穩定和諧的婚姻關係；另一種就是自小經歷了太多的爭吵、背叛，而對婚姻產生一定的恐懼、逃避心理，他們即使後來談戀愛，也最容易在談婚論嫁的階段猶豫不決，甚至成為逃婚族。

2.**妳的年齡**。太年輕的人通常會把自由看得很重，他們有強烈的自我意識，試圖不斷的改變，他們有很強的個性，用一個字概括就是「獨」，不願意改變自己去適應對方，而且他們的人生觀還在頻繁的修正之中，對於異性的喜好還在改變，很容易就會朝秦暮楚，不能安定在一個人身邊。而人年紀越大，越會從骨子裡滋生一種嚮往安定和平靜的渴望，這時候他們對於異性的喜好已經基本固定，性格也被磨練得比較圓滑，懂得珍惜緣分，懂得相處的技巧，同時，他們也願意做一些犧牲和讓步以達到自己的目的，這顯然是更有利於婚姻的。

3.**妳的感情經歷**。很少有人一開始就遇到最愛最合適的那個人，所以絕大部分的初戀情人都成不了終生的伴侶。一段正常的感情帶給妳的快樂多於痛苦，會讓妳整個人都變豐富起來，妳在愛裡面成長，在與對方的互動和爭執中學到如何去愛一個人，如何去保衛自己的愛情，如何去解決愛裡面的難題。不管這一段感情最後是成功或者失敗，妳都在這個經歷中蛻變得越來越成熟，越來越知道怎樣應對感情和婚姻。而經歷過巨大感情變動的人，往往會在一個時期內變得敏感和偏激，這個時期因人而異，短的也許幾個月幾個星期，長的也許就終其一生，那份巨大的痛苦會讓人懷疑，甚至失去愛和信任的能力。

除了按部就班走入婚姻的人群，還有一種比較常見的狀態是：有固定伴侶但不結婚。這裡面有一部分人是因爲覺得彼此的感情已經超越了那一紙婚約，而不必要做這樣

書面化的約束；一部分是獨身不婚主義但正常交往的男女朋友；更多的一部分是因爲對婚姻責任的恐懼和對彼此的尙不確定。

對於第一種人，我們不能不敬佩，兩個人的感情能發展到這個程度絕對是個超凡脫俗的事兒，而且凡是脫俗到這個程度的，多數不願意彼此親密的感情受到孩子的拖累，那麼不要那一紙婚約也無所謂，不會有孩子成了黑戶的煩惱。

第二種人呢？如果男女雙方都是持相同態度，那會是很輕鬆愉快的一種關係，他們有類似親人的親密感和安全度，又不需要面對婚姻之後繁複的七大姑八大姨的親屬關係，還有伴隨家庭而來的責任和壓力。並且大家來去自由，彼此沒有什麼承諾和約束，更接近單純生物性而非社會性，聚散隨緣。

至於第三種，算是很普遍的一種情況了，社會競爭越來越激烈，生活壓力越來越大，人心越來越浮躁，感情所占比重越來越小，是否要選擇婚姻這個形式？是否能承擔起婚姻的責任？就成了讓人輾轉反側的問題，婚前恐懼症也被人越來越頻繁的提及。患上此症的人會對未來婚姻有一種惶恐和不確定感，通常會表現得比較焦慮易怒，他們擔心婚姻會成爲愛情的墳墓，擔心與對方的家庭不能很好的相處，擔心婚後的欺騙與背叛，擔心會影響以後的工作和前途，擔心對方並不是最適合自己的人，擔心婚後沒了自由……症狀輕微的，透過朋友的勸解和自己的調節會順利通過這一關，症狀較重的就容易成為「落跑新娘」或者「落跑新郎」，甚至之後留下嚴重的心理陰影，很多年都糾纏著走不出來。

卡卡，女，二十九歲，水處理工程師

卡卡其實屬於那種比較幸福的女孩子了，身為高級軍官的女兒，難免天生帶著一種優越感。工作是很理性的水處理工程，也已經熬到了擁有獨立辦公室、可以單獨接專案的資歷。她有個相處六年青梅竹馬的男友，一直掌上明珠一樣的寵著她，卡卡幾乎算是樣樣如意。可是就在男友向她求婚的時候，她忽然就退縮了，在折磨自己也折磨男友之後，兩個人終於無奈分手，一段本來可以有美好結局的感情在面對婚姻最後一關的時候無疾而終。

卡卡說：「我自己也知道可能以後都不會再有人像他那麼寵愛我、遷就我了，這麼多年來他不僅是我男朋友，更是我的哥哥、我的親人。可是妳知道嗎？我忽然就怕了，我覺得自己還不夠好，覺得自己還沒準備充分嫁給他，我忽然覺得前面的

路根本就看不清。他被我傷得很深，我很對不起他，可是我真的覺得我現在不能嫁給他。」

兩個人相愛之初通常都是很甜蜜的，都會自覺或不自覺的把自己最好的一面展現給對方，都會或多或少的改變自己去迎合對方，那時候覺得藍天白雲生活美好，但一提及婚姻，就彷彿從夢幻的雲端跌落下來。婚姻讓我們不得不面對很多現實的東西：房子、車子、票子、家人，甚至細化到家務活兒誰做、假期去陪哪方父母、婚後誰當家管帳、要不要孩子、什麼時候要孩子、近期和遠期的財務規劃工作等等。曾經覺得很可貴的優點已經熟視無睹，曾經覺得很可愛的小缺點被放大到忍無可忍。在兩人對峙的狀態裡，莫說是有效的溝通交流了，只怕是各自已經築起了銅牆鐵壁，鑽起牛角尖。這時候需要強制自己冷靜下來，千萬別再把愛情當作童話一樣頂禮膜拜。童話說從此以後王子和公主就過著幸福快樂的生活，可現實是——妳不是公主，他也不是王子，都是普通人而已。選擇愛，就要接受愛裡的不完美甚至傷害。婚姻，既不是讓愛昇華的法寶，也不是吞噬愛的惡魔，它只是讓彼此對愛負責的一種生活方式而已。

兩個人的感情什麼時候最容易出現問題呢？一般集中在三個階段：一是初相識階段。愛情的起始，要麼是一見鍾情的轟轟烈烈，要麼是日久生情的細水長流。一見鍾情的感情自然是來得熱烈，對對方的期望值也會很高，會很期待對方成爲與妳匹配度百分百的完美伴侶，可是期望越高失望越大，如果發現對方有什麼不可容忍的毛病和缺點，就如同一盆冷水澆下來，感情來得快也去得快。日久生情的類型比較理智，他們會在一點一滴的相處中考察對方，基本處於一種觀察的狀態，如果恰好也發現了對方的毛病和缺點，他們就會私底下衡量：我能容忍這個毛病嗎？這會給我以後的生活帶來什麼影響？如果他們衡量的結果是不能接受，那正好雙方的感情投入都還不深，多半和平分手。

若水，二十六歲，報關員

若水、阿灰是和朋友一起郊遊時認識的，一見之下就郎有情妹有意，接下來是頻繁的電話、簡訊聯繫。沒過幾天正趕上若水生日，若水邀請了阿灰。生日宴會結束時，天已經比較晚了，若水和女性友人就直接跟住附近的大鵬回家了。可問題是

大鵬乃一單身男子，這讓阿灰內心非常的不爽，考慮了一夜，第二天一早他就發簡訊給若水說：「妳和妳的朋友私生活太開放了，我需要重新考慮我們的關係。」

若水接到簡訊有點呆住，她說：「我們和大鵬都是『姐妹』，都光明正大的，別說那天還有另外一女孩過去，就算我跟他倆人單獨睡一張床上都不會發生任何事，我們是純潔的友誼。」可是阿灰心裡始終有個結，於是倆人約定先做普通朋友吧。普通來普通去，沒幾天卻又很熱絡了，然後阿灰又發現若水喝酒喝得很凶，而他不想要一個喝酒的女朋友，於是又說再考慮考慮。就這樣反反覆覆，當阿灰第三次跟若水說「我們還是做普通朋友」的時候，若水徹底火了：「我就沒見過你這麼不爽快的男人，覺得我不好就不要跟我來往，別親完抱完又一遍遍的說做普通朋友。你去找你的乖寶寶去吧！你這顛三倒四的脾氣我也受不了。」

二是結婚前夕和婚禮籌備階段。能衝到這個階段的情侶彼此已經比較瞭解，感情也已經比較深入和穩定，但這個階段是兩個人由理想愛情到殘酷現實的一個轉捩點，以前不用考慮的問題這時候都會鋪天蓋地的砸過來。這個時候兩人還沒有成爲名義上的一家人，沒有風雨與共的默契，卻需要面對共同的問題，還有雙方的家長在出謀劃策隔岸觀火，兩個年輕人一旦站錯了立場，立刻會把問題變成矛盾的導火線，不少閃婚閃離的案例都是死在婚禮籌備上。

於東，男，二十九歲，鋼鐵工廠技術工人

於東和小路是在朋友聚會上認識的，都是高齡單身的兩人很快就打得火熱。確立戀愛關係時，朋友圈裡也是一致看好，一年後就領證結婚了，但籌備婚禮時卻出了亂子。年輕人和老人在婚禮的服裝和流程上有些不同意見，兩個人對於未來的規劃也有比較大的差異，小路打算婚後和於東單獨過，趁兩個人工作也還穩定的時候生個寶寶，然後就可以全力拼事業，而於東的想法是婚後和他的父母住一起，孩子他不要。因為養孩子經濟壓力大，而且沒有自由，他不想後半輩子都為孩子活著。小路是外地人，父母身體不好不能來參加婚禮，這又讓講究的男方父母覺得很沒有面子。就這樣，在婚禮籌備過程中兩人摩擦不斷，結果在距離婚禮還有一周的時候，於東終於撐不住，和父母商議取消了婚禮。

當他通知小路的時候，小路慌了，朋友同事親戚都已經下帖邀請了，這個時候取消婚禮意味著什麼？當晚小路和於東一夜無眠，於東說沒想到一個婚禮能弄到

這麼麻煩的境地，他覺得繼續下去沒什麼意思。於東說：「我現在和妳已經找不到當初的那種輕鬆快樂了，覺得很壓抑，想到以後的生活感覺壓力也太大。我們瞭解得還不夠，結婚太盲目了。」小路和於東談了很多，關於婚姻的形式和責任，關於兩個人的互相適應，但最終也不能說服於東改變主意。冷靜幾個月後，兩人協議離婚。

三就是婚姻裡著名的七年之癢了。七年之癢其實算是一個舶來詞，the seven year itch，意思是說許多事情發展到第七年就會出現一些問題，婚姻當然也不例外。比利．懷特執導的《七年之癢》中，講述了一個結婚七年的出版商，在妻兒外出度假時，對一位風姿撩人的小明星想入非非，最後在欲望和道德觀念的較量下抵制住了誘惑的故事。這部影片不僅將男人在婚姻裡的出軌遐想刻畫得淋漓盡致，影片中夢露站在通風口被風吹起白裙的經典鏡頭也成爲男人眼中最性感場面的代表。結婚久了，激情和新鮮感就喪失了，彼此已經熟悉得不能再熟悉。就好像一本書翻了七年，每一句話都已經爛熟於胸，再沒有繼續看下去的動力了，這個時候哪怕是一點點誘惑都會讓他心癢難耐。

徐鄭，三十六歲，大學教師

徐鄭是這所學校裡最年輕的學科領導人，對待工作嚴謹有熱情，一直都是學生眼裡的偶像派兼實力派老師。在他婚姻滿七歲的那年，他新接手了一個班的材料力學課程。和學生們熟了，他忽然發現，班裡那個叫鶯兒的女生眉眼間頗有點他夫人幾年前的韻味，每次講課總有意無意的多看她兩眼。鶯兒的力學課程很差，經常跑到他辦公室請教問題，不過她的興趣彷佛又不單純在課程上。兩個人漸漸都有些心猿意馬，鶯兒喜歡他的博學儒雅，他也被鶯兒的青春活力所吸引。後來的週末，鶯兒帶他去江邊放風箏，帶他去走街串巷的搜尋有名小吃，帶他去酒吧裡狂歡……徐鄭覺得自己慢慢找回了曾經有過的青春歲月了，覺得過去幾年的日子太平淡了，他知道自己跟這個女生不會有什麼未來，可他還是對自己曾經那麼幸福的婚姻產生了質疑，他願意看著她笑，看著她鬧，願意沉迷在這一份抓不住的誘惑裡……

瞭解了感情最容易觸礁的時機，妳還要避免對待婚姻最錯誤的幾種態度。

心急如焚。年輕時我們從不著急，因爲有太多有趣的事等待我們去經歷，有太多有意思的人等待我們去結識，有太多的時間可以去揮霍。可當一年年的光陰過去，我們年

歲漸大，身邊的同學朋友一個個步入婚姻的殿堂，一個個為人父為人母，依然單身的妳就成了眾矢之的。這個時候自己也開始心急了，在家人同事朋友的介紹下開始相親，開始參加單身聯誼活動，忍受旁人看公害一樣的眼光。

每個女孩子剛開始都是對愛情很憧憬的，相信這世界上有唯一的那麼一個人是自己的最愛，而自己也是他的最愛，所以瞪著熱切的眼睛，想從茫茫人海裡找出那個命中注定的男子，以為只要找到了就會是童話裡王子公主從此過著幸福生活的完美故事。可是這樣完美的故事實在稀少，是幾乎不會發生的事，尤其是不會發生在我們自己身上。等我們愛過傷過，爭取過也放棄過之後，就會有茫然，有顧慮，開始仔細的審視和挑選，開始設起心防。可是這時候時間往往顯得不夠用了，妳答應過媽媽三十歲之前一定結婚，妳拼命想搭上婚姻的晚班車，在這個時候，妳還能堅持妳的原則、妳的目標嗎？是否一瞬間也會想就隨便找個人嫁了吧。很多錯誤，往往就會在這一瞬間的想法裡產生。

在妳急於告別單身的時候，妳的要求會不自覺的下降，本來要找個A等男人，結果匆忙之間覺得B等的也可以湊合吧，可是這樣降格以求的結果是妳最終會發現自己無法滿意這個男人，陷入進退兩難的境地。就好像妳急於去參加一場晚宴，隨手抓了一件裙子穿上，到宴會現場才發現裙子有點短，腰身有點緊，款式有點過時，總之處處都透著不舒服，可妳已經沒有時間再去換下它了。

爲結婚而結婚。妳不反對婚姻，可是一直都沒有遇到合適的結婚對象，妳自己不是很著急，覺得再等幾年也未嘗不可，可是父母已經等不及了，每次跟妳說不到三句話就扯到結婚上去，妳身邊可能也有幾個可以交往看看的男士，可是妳已經沒有興趣再從頭到尾談一場典型的完整戀愛了。生活處在波瀾不驚的狀態裡，婚姻似乎是個可有可無的附屬。可是既然絕大部分人都是要結婚的，既然父母希望自己結婚，既然不結婚會被誤認爲心理或者性取向有問題，那麼，就結吧。妳覺得自己對於婚姻沒有什麼要求和期望，只要找個差不多的人應該就沒問題吧，不過就是搭伙過日子，順便擺脫單身而已。可是妳錯了，爲結婚而結婚的初衷就是錯的，正因爲妳對婚姻沒有要求和期望，妳也就不會去用心經營妳的婚姻，妳從中得不到該有的甜蜜和樂趣。

小米，二十九歲，外貿公司員工

小米長了一張很年輕的娃娃臉，看起來總是一副無憂無慮很快樂的樣子。她是

那種對事業沒什麼追求的小女人，思想也傳統，在她心裡，男人應該像山一樣，堅強而穩固，可以給她支撐和安全感。可是陰差陽錯，這樣一個小女人在感情上卻一直都不順，就這樣蹉跎著。家裡父母一直催得緊，終於有一天，她覺得一把年紀了還讓父母操心真是很不孝順，她決定結婚，於是糊里糊塗接受了一直追求她的男人。儘管小米對這個男人不是很瞭解，在一起也沒有什麼特別的感覺，但他可以給小米她想要的婚姻。婚後小米才發現，和一個心靈上沒有親近感的男人在一起生活，是件很無奈的事情，這個男人在家不在家她都無所謂，這個男人晚歸不晚歸她也不會牽掛，他夜裡打呼嚕她覺得煩，他吃飯發出聲音她覺得無法忍受，她沒有為這個男人洗手做羹湯的衝動，倚在他懷裡也不覺得很踏實很幸福。兩個人睡在同一張床上，卻像偶然住進同一家賓館的旅客一樣，找不到各自的歸屬。

爲了自由而結婚。每個人成長到一定階段都會需要個人空間，想要逃離妳從小生活的那個家。青春期的孩子很多都做過背著吉他浪跡天涯的夢，等再大一點，這個逃離的願望就更加強烈，妳討厭父母給妳定的晚上十點前必須回家的門禁，妳討厭事無巨細都得向父母交代，妳討厭親戚家人都盯著妳的感情問題不放，妳討厭不回家吃飯還得向父母告假。所有的這些，都讓妳想透過婚姻來重新獲得自由。可是所有嘗試過的人最後都會明白，爲了得到自由而結婚絕對是一句夢話，婚姻會爲妳的生活架上更多的框框。沒結婚的時候，妳做爲父母的孩子還可以耍賴，結婚以後妳爲人妻，爲人兒媳，甚至爲人母，就連耍賴的權利都沒有了，獨立生活不只是意味著自由，它意味著更多的約束和責任。

木木，二十四歲，裝潢設計

木木大學畢業後就從學生宿舍搬回了家裡，工作有時候很清閒，有時候很忙碌。她的父母依然像她還是小女孩時那樣對待她，不能回家太晚，不要去太嘈雜的地方，不能和不熟悉的人在一起。每天木木回家，他們都會追著詢問今天忙不忙呀，午飯在哪裡吃的，下班後和誰出去了等等。一開始，木木還很享受這種衣來伸手飯來張口的生活，可時間久了也慢慢承受不了，她想證明自己長大了、獨立了、自由了，於是催著男朋友結婚。因為沒有什麼經濟基礎，他們只能在外租房居住，生活一下子顯得拮据起來，畢竟每月兩萬多元零花和兩萬多元負擔生活是完全不同的概念。木木不能再隨心所欲買喜歡的衣服和首飾，不能經常和朋友們出去吃飯喝

酒，還要乖乖回去做兩個人的飯洗兩個人的衣，木木開始疑惑：曾經以為能讓她自由獨立的婚姻為什麼現在讓她感覺如此疲憊？

因爲衝動而結婚。「衝動是魔鬼」這句話我們都很熟悉，可誰都不能保證自己不會在衝動之下做出決定，這大概就是魔鬼的力量了。妳有可能剛參加完朋友的婚宴受了氣氛的感染，妳可能剛看了親戚家寶寶的可愛照片而愛心氾濫，妳可能是剛被男友的眞情告白感動得一塌糊塗，妳還有可能是剛認識了一個男人覺得他就是妳心目中的百分百，忽然就覺得「我要結婚了」！這個想法讓妳興奮，讓妳盲目，妳爲自己的念頭激動得睡不著覺。可是在這種亢奮狀態下做的決定會帶來什麼後果呢？如果夠幸運，也許妳身邊的這個男人眞是跟妳很搭的另一半，是上天送妳禮物，給妳一個驚喜，讓妳覺得「天啊，中彩票了，這個人簡直比想像的還好」。

但是絕大部分人是沒有這份幸運的，在共同的生活裡，妳會發現這個他有種種妳不能容忍的毛病，他對將來的期許與妳完全不同，他對事情的處理讓妳完全不能忍受。這時候妳怎麼辦呢？視而不見是不可能的，而無論是要改變他還是改變自己也都幾乎是不可能的。身爲一個成年人，性格習慣、思維模式、行事風格已經基本成型，除非有很大的動力和決心方能改變。這樣妳難免就心煩了、後悔了，對他的態度肯定也就不是那麼溫柔體貼了，而同時他也會感覺到跟妳一起生活帶來的種種變化和壓力，如果兩個人不能及時疏導自己的不良情緒，不能有效的溝通，就會變成一個惡性循環。更何況，很多事情是即使妳們溝通了、努力了也未必能解決的。是繼續跌跌絆絆的走下去？還是痛下決心重新開始？眞的很難做出抉擇。

結婚的原動力應該是兩人彼此相愛，渴望生活在一起，而不是任何其他的外在影響，當然這個婚姻還必須要有起碼的物質基礎，妳和他都能在締結的這份新關係中找到自己的位置，得到自己最想要的東西，也就是高舉愛情的大旗，精神和物質兩手齊抓，這樣才最有可能得到幸福的婚姻。

找到妳的那條魚

很多在錯誤心態下結合的婚姻暗礁密布，但是其中的大部分人都沒有重新洗牌的勇

氣和魄力，他們在猶疑中躊躇著就湊合了，這於是造成了婚姻中的摩擦和不快樂。進入婚姻就彷彿魚入網中，進去容易，想出來可就要大動干戈、傷筋動骨了。即使妳夠勇敢，要重新追尋自己的幸福，妳也肯定會發現有些什麼已經不一樣了。

首先，妳的選擇面小了。雖然男女平等鼓吹了很多年，但在有些事情上、在人們根深蒂固的思想裡，要絕對的平等是不可能的。離異男人可以再找個未婚小姑娘，毛頭小夥子要接受一個離異女人可是要經歷一番心理鬥爭的，即使他不在乎，他的父母也未必願意接納妳。其次，妳會發現自己的心態變了，會對愛情和婚姻充滿了不確定感，會害怕付出沒有收穫，會戴有色眼鏡去分析事情。即使再豁達的人，都不可能完全不受過往的影響。

男人為什麼喜歡處女，為什麼對初戀女友念念不忘？因為那個稚嫩小女生腦子裡是一片白紙，心裡是一泓清水，她沒在愛裡受過傷，不懂得保留，不懂得欺騙，不懂得計較，在她的心扉第一次被一個男子打開時，她完全是一副不食人間煙火的天使模樣。這樣的女孩子，當然會在男人心裡留下不滅的印記，再看如今這些愛裡恨裡打了幾個滾出來的女人，懂得衡量輕重利益的女人，自然就面目可憎了許多。平凡女人和天使不是一個級別。而男人，不論他自己是否英俊瀟灑才華橫溢，都還是有一份夢想去邂逅一個天使的。

現在要求女人婚前一定得是處女很困難了，但千萬別把自己折騰得從婚姻裡幾進幾出還自以爲是勇猛的鬥士。不管妳談了多少次戀愛，只要沒結婚，妳就還可以待價而沽，萬一結了不合適再離，妳的身份就變了。如果說女人就像是市場裡的青菜，過午就不得不降價促銷任人挑揀的話，離婚女人則像是掉到地上的二手玫瑰，要不要揀起來拿到手裡都得費些思量，出不出得了手都是個大問題。何苦給自己找這個不自在呢？能在青春年華的合適時間裡遇到合適的人，是妳的幸運，如果暫時還沒有，也別著急給自己來個跳樓大減價。不如安下心來，瞪大眼睛找，放平心態等待，總會有個合適的人出現，即使不是百分百匹配，怎麼也得吻合度百分之七八十啊。也許連續釣上三四條都是妳不喜歡的鯽魚，但是只要重新裝餌下竿，下一條說不定就是妳期望中的鯉魚哦。

一個人知道自己要什麼是很重要的，然後可以爲這個確定的目標去努力。有一類女人看起來善良溫柔，對任何事情都沒有太強烈的要或不要的欲望，對男人懷著美好的幻想，只要有男人對她體貼照顧一點就會很感動，怕辜負了男人的感情，覺得他實在是對

我不錯呢，就和他過一輩子也是可以的，於是茫茫然芳心大動接受別人的愛。可惜這類女人通常並不能如她所想的那樣，因爲她接受的這個男人不一定是她眞正想要的，而只是在合適的時間出現的、恰好感動了她的人，而感動絕對不是愛情，這種情緒是持續不了多久的。等她發現他與自己完全是不搭調的人，又會開始心生猶豫，並且因爲一開始就不是自己堅定著一定要的，也就不會很努力、很堅定的去維繫或者挽回，最後大致是慘淡收場，自己往往還很無辜很委屈的想：我這麼好的一個人，爲什麼找不到同樣好的一個他？

如果妳很清楚知道他就是妳要的那個人，那麼通常也會很清楚選擇他之後的機會成本，知道和他在一起生活會得到什麼、失去什麼，知道要怎麼去相處，知道自己可以爲他改變什麼、犧牲什麼，知道自己的底線，知道日後大概會遇到什麼樣的事情、面臨什麼樣的局面，也就不會爲那些不和諧的因素鬱悶得要瘋掉。

也許妳曾有過親密戀人，卻因太倔強而分開，也許妳曾經付出眞心卻被人辜負，也許妳曾經費心尋找卻還牽不到他的手，所以妳灰心了，感歎幸福怎麼就那麼難。而其實呢，鞋子舒不舒服只有腳知道，我們大多只看到別人的歡樂，卻看不到別人家裡那本難念的經，畢竟我們都會營造些華麗的表像來遮掩生活的慘澹；你我也不得不承認，有些人確實比較幸運一些，確實有那麼一少部分人沒有經過什麼磨難和挫折，很自然就得到了屬於她們的Mr. Right；然而婚姻需要經營，感情需要算計。這不是教妳虛僞和欺瞞，而是讓妳更快、更準的得到妳想要的幸福。畢竟好男人數量有限，適合妳的好男人更加有限。一定要眼疾手快，別把時間浪費在自怨自艾和輾轉反側中，誰說女人一定要安靜等待愛的降臨呢？

愛情裡的模式多是男追女，這或許與男人的攻擊性和女人的羞澀本性有關。男追女隔座山，女追男隔層紗，女人主動的模式或許眞的可以很快就讓兩個人在一起，但更大的可能是日後的分崩離析，或者女方需要耗費很大的精力去維繫。女人明目張膽的追男人會抹殺愛情裡你來我往互相試探的小樂趣，會讓男人骨子裡的征服欲望得不到滿足。女人不是不可以主動，但一定要講究策略和分寸，讓他不知不覺間中了妳愛情的小圈套，還美滋滋覺得妳終於臣服於他了。妳泡過小魚溫泉嗎？愜意的躺入水中，魚兒會試探著圍在妳身邊，逐漸大膽和親昵，溫柔的啄妳的肌膚，滑膩的蹭過妳的手指……可一旦妳主動去追逐魚兒，又會是怎樣一個狀況呢？不過是四散而逃的一片狼藉罷了。

釣魚的時候，妳得找合適的水域，放上魚兒喜歡的誘餌，躲在暗處靜靜的觀察，還需要一點點的技巧和緣分，才能釣上屬於妳的那條魚。男人就是這樣，妳可以靠近他、誘惑他，但要不動聲色，讓他覺得妳是他可口的美餐，等他主動把嘴巴湊上來咬住魚鉤，剩下的事情，是要蒸要煮，還是要炸要燉，一切由妳決定。

怎麼樣？別再癡癡的等待了，擦亮眼睛，振奮精神，出手吧！

第二章

抓魚準備工作

第一節　選擇最適合妳的那類魚

爲了找到並抓住屬於自己的那條男人魚，我們應該怎麼做呢？

首先妳得弄明白自己到底需要什麼樣的魚，是要威風八面、霸氣生猛的鯊魚呢，還是要外表華麗、性格溫和、安於平淡的孔雀魚？其次，妳對魚的挑剔度和容忍度怎麼樣呢？是冒死吃河豚，還是非美味的刀魚不吃，抑或不論鯉魚、鱈魚、平魚都可以享用得津津有味？想想清楚，給自己最準確眞實的答案。

魚有千種萬種，男人也有千種萬種，魚分三六九等，男人也分三六九等，有事業、家庭、穩重、浪漫、虛浮、奸猾、強悍、柔弱諸多類型，妳可以青菜豆腐各有所愛，不過有一種男人是絕對要儘量迴避爲妙的哦，那就是：別人的男人！已有家室的男人是違禁品，不論他多麼英俊瀟灑多金浪漫體貼成熟，都不要動心，默念三遍阿彌陀佛飄過吧！

其他需要過濾掉的不合格男人，至少還有以下十三類。

1.性別觀念錯亂。這個似乎有點畫蛇添足，想必姐妹們也不會暈到喜歡上一個人妖

或者玻璃的份上。

2.**思維邏輯混亂不清**。伸出妳的一根手指問他是幾？答案是「一」；伸出妳的兩根手指問他是幾？答案是「二」；伸出妳的三根手指問他「一加一等於幾」？回答「三」的是普通人，可以擇優錄取，回答「二」的思維敏捷，抗干擾能力強，可以重點培養，有其他答案但不能解釋清楚的，可認定為思維邏輯混亂。

3.**超級自戀狂**。他隨身攜帶小鏡子嗎？他經過玻璃櫥窗時會停下來觀望嗎？他的頭髮永遠一絲不亂嗎？他總喜歡誇耀自己嗎？他喜歡到處展示他的肌肉嗎？他不同的裝扮配合不同的香水嗎？他的鞋子衣服比妳還多嗎？……如果他有以上症狀（無需全部必備），那妳可以合理懷疑他是自戀狂，就是古希臘神話裡那個愛上自己在水裡的倒影、最後墜水而亡變成水仙花的美少年。

4.**跟女人借錢**。這個就不需要我說理由了吧，好男兒人窮志不短，就算揭不開鍋了也有他的朋友罩著呢，借錢借到女人頭上，妳如果跟他談戀愛，他肯定不會還妳錢。

5.**無時間觀念**，**約會遲到且無正當理由**。女人遲到有時候是為了考驗男人，情有可原，雖然這招實在很沒技術。但是男人遲到就有點說不過去了，尤其是遲到了還裝作沒

事兒一樣不道歉不解釋，那就只有兩種可能，一是他跟妳不是一個時區，二是他壓根沒拿妳當盤菜。

6.**貶低歷任女友不知自省**。一段感情走到盡頭很多時候不是一個人造成的，如果他一味的貶低前女友們從來不反省自己的過錯，妳千萬不要以為自己就真的比別人優秀，總有一天妳也會被他歸入不堪的前女友行列，在下任面前遭貶低。

7.**騎驢找馬**。確實有這樣一種人，一邊跟女友打情罵俏，一邊眼睛還不斷搜尋備胎，這種人妳如果沒能及時識破，很容易就無辜的成為破壞人家感情的第三者。

8.**年過三十仍紮小辮扮藝術青年**、**扮時髦**。他要真是搖滾歌星，是藝術家，那還說得過去；如果不是，一把年紀了還沒認清自己的位置，還泡在所謂的理想中做春秋大夢，妳跟著他能有什麼好？大冬天灌著西北風一起唱「一無所有」？

9.**皮夾裡掉出保險套**。僅僅是私生活糜爛我們也認了，男人嘛，下半身動物，表面上道貌岸然、一肚子男盜女娼的不在少數，可如果他連這個道貌岸然的外表都不去維持，我們丟不起這個人啊。

10.**從不把妳引見給他的朋友家人**。他是外星人？他是從石頭裡蹦出來的？他與世隔

絕？如果都不是，那他從不把妳引見給他的朋友家人就一定是因爲：要麼他早已有家室，要麼他純粹是和妳玩玩。兩種可能，一種下場。

11.**穿一身眞名牌，洋洋得意**。生怕別人不知道還使勁兒扯商標，跟人說這個品牌的衣服眞的很適合他，還說他這件襯衫多少錢一件。難道您是它家的代言人？不是的話，女人最好趕緊調頭走開。

12.**穿一身假名牌，還洋洋得意**。女人要小心眼兒愛慕虛榮也就罷了，一個大男人也這品味，不能不讓人汗如雨下啊。

13.**很八婆的男人**。他是眼觀六路耳聽八方啊，辦公室哪個女孩腿太短、哪個女孩剛甩了男友、鄰居誰家在鬧離婚、誰家孩子早戀……跟他在一起，妳的腦袋會被塞滿垃圾資訊，更可怕的是，有一天妳會發現他的哥們兒知道妳穿幾號的內衣、吃哪個牌子的避孕藥。

以上幾點僅供參考，也許妳還不幸的遇見了更變態的，總而言之，女人們要膽大心細，該清理時就清理，別心軟也別手軟。

不同的水域適合不同的魚，不同的女人需要不同的男人。在出擊之前，請先確定妳心中未來生活的樣子，妳幻想裡那個男人的基本模式。關於對另一半的要求，很多女人的答案是諸如正直健康上進負責等空虛的形容詞，其實親愛的姐妹們，妳們應該把條件細化，詳細一點再詳細一點，什麼行業，什麼年齡，什麼性格，什麼家庭，大體收入，興趣愛好等等，在心裡細化成一個表格，可以迅速圈定目標人群，快速排除不相關選項，免得在不適合的男人那裡耗費珍貴的青春，勞神傷心。

不少女人都做著嫁個有錢人、一夜之間麻雀變鳳凰的美夢，只是，既然是豪門，就不是隨便一個普通女人都能進的，而且豪門規矩多，講究多，也不是隨便一個女人都能消受得了的。做這個夢之前，先掂量一下自己有沒有做灰姑娘的資格，能夠成功釣到鑽石男人的女人必然有以下幾個特點。

1.**不見得有超凡的美貌，但一定有超凡的智慧**。成功人士都很注重公衆形象，嚮往高道德感的社會地位，伴侶的水準直接影響他的面子問題，不容有失。美貌在時光的流逝面前是種貶值的資產，對於成功人士而言，女人的智慧才是眞正吸引他們出手的資本。一個精明而閱人無數的男人，他不怕伴侶太聰明，就怕她不夠聰明。

2.**有機會出現在富人的生活裡**。唯有兩個人相遇，故事才有發展下去的可能，如果

妳的生活圈子根本與富人沒有任何交集，那妳也就是做做白日夢而已。能夠出現在富人生活裡的女人，有這麼幾種可能：他的下屬、頭等艙空姐、電視台主播、他的私人教練或醫生。

3.**有極強的把握機會能力**。機會稍縱即逝，要在短暫時間裡確定最好的方案、最合適的技巧，恰如其分的得到他的注意，並能爭取到下一次機會，這是非常高難度的，需要的不僅是智慧，還有靈敏準確的判斷和對機會的本能把握能力。

如果妳達不到以上這些要求，就不是適合與否的問題，而是可能不可能的問題了。

很多年輕的小妹妹會走兩個極端，一種是感情至上，有情飲水也會飽，一種是物質爲天，有錢好商量。當前者進入眞正柴米油鹽醬醋茶的平淡生活時，激情總有天被瑣事磨去，生活富足還好，若陷入困頓，不免會質疑當初的選擇；後者也許從此華服麗顏香車霓虹，但若沒有相應的感情爲基礎，心靈上空虛寂寞，滿腹心思無人能訴，也就成了折磨。沒有任何物質基礎的愛情，終究是無源之水，而僅僅源於物質的相守，不過是一潭華麗的死水。要麼水乾，要麼魚死。

草戒指的確也是戒指，但它只適合情竇初開少女的浪漫情懷，不搭配日常上班下班洗衣做飯的橋段。其實妳要談感情，很好，這說明妳對感情還擁有著無比的熱情和信賴，心裡還沒有什麼陰霾，或者是受過打擊但依然堅持完美主義；妳要談物質，這也很好，哲學上都說了物質決定精神，物質是世界的本源。談物質的人很務實，畢竟兩個人的生活不是只有感情就萬事大吉的，妳要找一個有能力對未來負責的心愛男人，這也沒有錯。但一段幸福婚姻的關鍵是若干年以後，妳是否能夠堅持妳當初的選擇，不會因爲感情或物質的缺失而悔不當初、心煩意亂。每個人都有選擇的權利，但是選擇之後，要有爲自己的選擇買單的勇氣和能力。那個最適合妳的另一半，應該符合妳對於未來的基本要求，在物質與精神中求得一個微妙的平衡。

煙，三十一歲，廣告總監

煙長相甜美、潑辣爽快，她的老公林棟是一家公司老總，兩人在一次業務談判上相識。談判桌上的槍林彈雨、言語交鋒給雙方都留下了深刻印象，在陸續的交流合作中惺惺相惜起來。只是林棟在業務場上難免經常有應酬，要出入聲色場所，當初煙的朋友都勸煙要慎重，像這種有點錢、有點事業的男人會被不少女人惦記，他

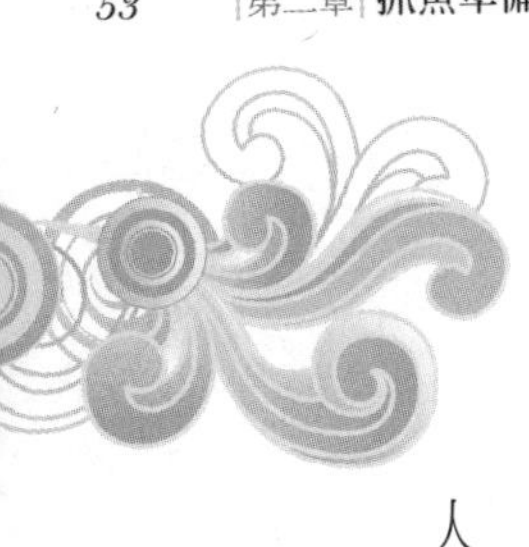

又總是一副樂在其中的樣子，小心哪天被挖了牆角，妳哭都來不及。

煙卻不以為然，她的理由是：我最看重的是他身上那股衝勁，而且他現在的經濟條件也足以讓我過想要的生活。男人嘛，當然是要拼事業了，他應酬多一點，或者來點逢場作戲我不在乎，我知道自己在他心裡的地位；而且將來我們聯手也會是很好的夫妻檔，即使他偶爾糊塗起了色心，我也相信他知道權衡輕重。後來兩人結婚了，煙給了林棟很自由的空間，林棟也果然把公司經營得風生水起，煙有時也盛裝和老公一起出席聚會場合，美麗睿智的她一出現，自然消減了其他女人對自家男人的威脅。

妳喜歡什麼魚

有個小故事說，一個男人決心要找一個完美的女人作爲人生伴侶，可一直到頭髮鬍子都白了，他還是獨自一人。有人問他：「難道你尋找了一輩子，就沒有遇到一個完美的女人嗎？」男人黯然神傷：「我確實遇到過一個，可當時她正在尋找一個完美的男人。」

所謂完美，其實只存在於我們想像裡的一個標準，現實生活中既沒有完美的男人，也沒有完美的女人，這就意味著我們選擇一個人的優點，就必須同時接受他的缺點。而女人天性是有些虛榮和夢幻的，她們喜歡拿自己的男人和別的男人比，比較的結果就是李家男人能賺錢，王家男人好廚藝，夏家男人很浪漫，卻忽視了自家男人當初吸引她的那些地方。那些優點在一日日的生活中變得模糊和不重要，缺失的部分卻因爲沒能得到而讓她心癢難耐。所以人們說，「女人嫁給誰都後悔」。拼事業的男人當然不能拿出很多時間來陪妳，樂於照顧妳飲食起居的男人通常沒什麼雄心大志，玩浪漫的男人下次可能就把花送到了別的女人手裡……既然這樣，我們到底要找個什麼樣的男人呢？

妳也許還不太清楚不同類型男人會給妳的生活帶來什麼不同的變化，但妳肯定應該瞭解自己是屬於什麼類型，讓我們就從這裡入手吧！

1. 居家／事業

從對家庭和對事業的渴望程度上講，男人女人的群體裡都有居家和事業這兩個類型，居家和事業代表了婚姻裡不同的職能分工，兩者一內一外缺一不可，所以男人女人在這個方面應該是互補的。也就是說，如果妳是個居家型女子，妳應該找一位事業型男人，如果妳本身就已經是一個叱吒風雲的事業型女人了，那最好是找一位居家型的男

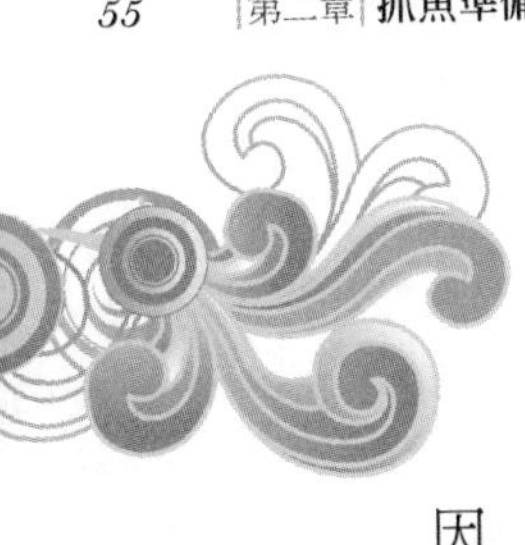

人。當然，商界也有不少令人羨慕的賢伉儷在事業最前線並肩奮鬥，那他們的「居家」這一部分是如何填補的呢？答案是：他們有保姆。

「事業」給家庭在經濟上提供了立家之本，而「居家」給家庭增加了親情和溫馨，雖然古訓說男主外女主內，但每個人的性格和專長不同，不必完全拘泥於此，能者通力合作即可。兩個人都去拼事業，家務雖然可以請人代勞，但家的氣氛卻不是隨便什麼身份的人都可以營造出來的；如果兩個人都來拼居家，那就更沒意思了，難道兩個人天天在家搞園藝大賽、清潔大賽和烹飪大賽？所以重要的始終是兩人的互補和協調。

2. 浪漫／現實

浪漫的女人遠遠多於浪漫的男人，但現實的女人可不見得會少於現實的男人，女人永遠是浪漫和現實的矛盾結合體。婚姻不是空中樓閣，「現實」是婚姻得以維持、發展的必要條件，而「浪漫」其實只是錦上添花的一筆，所以不管妳是浪漫型女人還是現實型女人，都應該找個現實型男人，如果這個現實型男人身上有那麼一點可開發的浪漫基因，當然最好，沒有的話也不必強求。

現實與現實的結合，基本就是街頭巷尾隨處可見的尋常夫妻，小錢買買彩票，大錢拿來買車買房，而不會扔進花店咖啡廳，也不會去享受異國風情，這可能不夠有情調，但足夠踏實和平靜。浪漫與現實的結合，就是晚餐桌上既會有可口的菜餚，偶爾也會有燭光和紅酒，男人負責賺錢給女人花，女人負責調節情緒給男人加油助威，很神仙的組合。而兩個浪漫湊在一起，就完全是不著邊際的天馬行空了。據說，如果家裡只剩三塊錢，嚴謹而實際的德國男人會買一塊足夠一天口糧的硬麵包，而最浪漫的法國男人會去給太太買一支玫瑰。雖然說這樣被一個男人愛著是很幸福的事情，但我還是要卑鄙的問一句：晚飯吃啥呢？

3. 天眞／成熟

童心未泯是一種充滿活力的心態，而過分的幼稚天眞簡直是一種心病。幼稚的人不明白人情世故，不懂得進退分寸。幼稚的女人經常被誤以爲是天眞純潔不食人間煙火，還能博得不少男人的喜愛，而幼稚的男人向來沒有好的行情，除非他面對的是一個有錢有閒同時還母愛氾濫的女人。

成熟和成熟在一起是最好的組合，女人一般都習慣找一個可以讓自己仰視的可依靠男人，而接受不了幼稚的傢伙成爲自己的伴侶。而對男人來講，一個成熟的女人懂得滿

足他的需要，懂得撫慰他的心靈，不會給他增添額外的麻煩，兩個成熟的人在一起相得益彰。兩個幼稚的人會把過日子當成辦家家，他們也許樂在其中，也許吵鬧不休。幼稚女人和成熟男人在一起，可以滿足男人的成就感，因爲她幾乎什麼都需要你照顧，只是不知道如果女人一直都幼稚著不肯長大，這個男人有沒有耐心一直照顧下去，畢竟妳是他娶回家的妻子，不是他的女兒。

4. 幽默／木訥

幽默的人會給自己、給他人都帶來快樂，木訥的人有時候會無意中成爲笑柄，偶爾也給別人帶來快樂；幽默的人善於調節氣氛，使尷尬轉化爲輕鬆，而木訥的人往往會讓尷尬更尷尬，讓冷清更冷清。

幽默型的人在一起，會有棋逢對手、相見恨晚的感覺，他們會有說不完的話、逗不完的樂子、撞不完的靈感火花，唯一值得警惕的是——兩個隨意發揮的人很有跑題的本事，在討論正事的時候容易流於形式，氣氛很輕鬆，談話很熱烈，但最後沒有可以執行的結果。幽默型女人如果遇到木訥型男人，她就是滿腔柔情無處訴，只當是自言自語對牛彈琴。而當幽默型男人遇到木訥型女人，他基本已經習以爲常，擁有深刻幽默的多是男人，就好像真正高超的大廚都是男人，他對在女人那裡得到共鳴不抱太高的期望。

5. 文雅／外放

文雅換個說法就是書卷氣，外放換個說法就是陽光氣息，這兩種都是很宜人的類型。隨便聯想一下，不論是文雅型女人配文雅型男人、運動型女人配外放型男人，還是書卷氣女人配陽光男人、陽光女人配書卷氣男人，似乎都是很養眼、很舒服的搭配，也許這種氣質上的東西，對於婚姻沒有很大的影響，大家自己喜歡就好。

要確定最適合自己的類型，只考慮性格特質還是不夠的，兩個人是否可以快樂的相處，男女的互動性有很大的影響。所謂互動性，就是彼此給對方的影響，和這種影響會給對方帶來什麼變化。

一般而言，面對我們所愛的人，都會儘量展示自己最美好的一面，在交往中不斷的修正自己去接近對方理想中的範本，這種就是良性互動。可是人與人之間的這種互動關係非常奇妙，有時候明明相愛的人卻總是每每反其道而行，莫名其妙就把對方潛意識裡比較醜惡的東西給激發出來，這種就是惡性互動。惡性互動還是占少數，但作者就曾親眼目睹一個斯文秀氣的女孩子談戀愛談到最後活脫脫成了潑婦，會拿刀砍桌子，會端一

盆水潑她男友，這樣的感情經歷，只能讓人嘆息。

兩個人的互動到底是良性還是惡性，只有交往過一段時間才會知道，而在確認他是否是妳正確的選擇時，還需要問自己以下幾個問題：

妳和他在一起，是因爲愛，還是因爲恨？

如果他失去了現在所擁有的地位、財富、名氣，他身上是否還有吸引妳的特質？

他在妳面前是否是一個眞實的人？

你們在一起是否有很多話題可以聊？

你們相處的時候彼此很刻意還是很自在？

如果有挫折和苦難，你們是會爲彼此放棄些什麼，還是會放棄彼此？

你們對生活基本層面的觀點是否一致？

你們對未來生活的期許相差多少？

你們是否能寬容的對待彼此的缺點？

你們有沒有共同面對今後幾十年的自信和勇氣？

優質魚類是什麼樣

大陸的電視劇《大話西遊》裡，紫霞仙子說：「我的意中人是個蓋世英雄，有一天他會踩著七色的雲彩來娶我。」女人對男人的崇拜是產生愛情的基礎，任何一個女人都希望有一個人人仰望的男人來愛她、保護她，這是女人天生的英雄情結。要在茫茫人海裡分辨出誰是值得下番功夫去釣的大魚，就看看優質男人應該具有的幾個特點吧！（以下排名不分先後）

1.**學識廣博**。就不說淵博了吧，一個「淵」字的境界不是尋常人可以達到的。學歷不一定非得有多高，社會是所大學校，男人從社會裡學到的歷練，遠比學校老師教會他的要多。除了最基本的常識，他應該有一門比較擅長的專業，可以是金融，可以是管理，可以是醫術，可以是設計，也可以是權術。一個沒有學識的男人，很難想像怎麼在競爭激烈的社會裡立足。

2.**良好的心理素質**。現代人因為學習壓力、工作壓力、家庭壓力而患憂鬱症，乃至於自殺屢見不鮮。人為什麼一出生就是大哭的？因為知道自己即將面臨很多的苦難、分離、挫折。凡成大事者，必是堅韌不拔、愈挫愈勇之人。我們從小就面臨著競爭，學

習、工作、婚姻莫不如此，良好的心理素質不僅可以讓我們以正確的態度看待困難，更有助於我們在困境裡激發潛能，在危急時找到出路。而良好的心理素質也才能保證一個男人可以游刃有餘的處理婚姻中遭遇的任何問題和挫折，成爲妻子的避風港和庇護。

3.良好的人際關係。以前人們只津津樂道於智力商數（IQ），後來慢慢發現了情緒商數（EQ）的重要。情商是自我認知、自我調控、自我激勵、認知他人、人際關係管理的一種能力、品質和技巧，它對一個人能否取得成功有著巨大的影響作用。情商表現在日常生活中，最明顯的就是可以很良好的控制和引導自己的情緒，可以準確的把握別人的情緒和需要，能夠與家人、朋友、上司、同事、業務夥伴等達成良好的人際關係。這種良好的人際關係反映到家庭裡，就是家庭和睦其樂融融，反映到工作上就是左右逢源如魚得水。「人情練達即文章」，人際關係也是一門藝術，做得好自然可以讓自己和身邊的人快樂，同時事業上也會有更大的發展空間。

4.明確的人生目標。簡單說，就是他得清楚自己這輩子要做什麼？要怎麼做？而不是整天渾渾噩噩隨波逐流，一天天得過且過。目標是一個人成功的基礎條件，沒有目標的人，再努力、再持久都可能像是拉磨的驢子，被蒙住眼睛原地轉圈。

5.**美好的想像力**。想像力是人類最美好的一種能力，想像給我們的心安上翅膀，讓許多不可能成為了可能，讓平淡的日子增添很多色彩。有美好想像力的人，必然是一個對生活充滿熱情的人，他的世界是彩色的而不是黑白的，他心裡永遠有明媚的陽光。我們的生活事業都需要適當的想像力，當然，這是想像而不是空想。曾經有一位媽媽在廚房準備午餐，她的兒子在後院蹦蹦跳跳，弄出很大的聲響，媽媽大聲問兒子：「你在幹什麼？」孩子興奮的回答：「我要跳到月亮上去呢。」媽媽沒有打擊孩子的異想天開，而是和藹的說：「好呀，可是要記得回來吃午飯哦！」這個孩子就是阿姆斯壯，第一個登上月球的人。

6.**男子氣概**。男人要有男子氣概，就像人們要求女性要溫柔美麗一樣。男人氣概不是簡單的四肢發達虎背熊腰，不是吸煙喝酒，不是紋身耍酷，而是由內向外散發的一種雄性氣質。男人要勇敢堅強，跌倒了可以自己爬起來，男人要敢作敢為勇於負責，不推卸不逃避，男人要光明磊落，贏就贏在大智慧而非小算計上，男人要遇忙不亂，處變不驚。總而言之，男人就是要像個男人。

7.**寬容的胸懷和氣度**。誰都不喜歡鳥肚雞腸的男人，如果說女人斤斤計較還可以用

可愛小女人來掩飾一下，那男人錙銖必較就頗有點讓人無法忍受了。寬容，無論對人對己都意味著解脫，不在不值得的事情上計較，不在無法改變的事實裡糾纏，不在臆測的痛苦裡浪費光陰，一個寬容的人會比其他人更容易得到快樂。而氣度，更是看不見、摸不著、只能憑感覺的一種特質，是面對人和事物胸有成竹的把握，是一分隱隱的王者之氣。贏了不驕傲不張揚，輸了不氣餒不灰心，拿得起放得下。

8.**獨立**。他必須是有自己的見地，有自己的原則，而不是任人擺佈的牽線木偶，不是人云亦云的應聲蟲。無論生活還是工作，他不依附於別人，即使他的成功有賴於家族的蔭澤或者人際關係的優勢，他也應該有相應的能力去支撐。海洋裡有一種魚叫做印魚，牠是魚中的懶漢，靠頭上的吸盤吸附在鯊魚、鯨魚的腹部，遠涉重洋而不費力氣，還可以得到可口的食物，避免敵人的襲擊。男人當中也有這樣的類型，所以一定要小心，千萬不要讓他吸附在妳身上哦。

9.**一定的經濟基礎**。一個男人如果沒有點經濟基礎怎麼能稱得上是優質男人呢？我們不是鼓吹物質至上，只是愛情確實是需要一點物質基礎才能更好的萌葉開花，有物質做後盾的愛情可以更輕鬆、更甜蜜。女人天性是虛榮的，情人節裡看其他戀人聽高雅的音樂吃精緻的西餐，而妳的他只能帶妳去吃大排檔，心裡肯定是酸酸的吧。愛情很高尚，但是像脆弱的玻璃，需要小心呵護，妳需要一所房子庇護愛情，需要玫瑰來維持愛情的光鮮，需要偶爾的浪漫以免愛情被平淡生活抵消。男人的滿足感一部分來源於他事業上的成就，一部分來源於他對所愛女子的呵護，和那個女子對他的依賴。試想，當孩子呱呱墜地，你們還不能給他一個安穩的家，當你們之中的一個人重病，卻支付不了昂貴的醫藥費，情何以堪？越是深重的感情，就會衍生出越多的愧疚和自責。一無所有的愛情是卑微的。

適合女人的優質男人也許還應該加上一條——懂得浪漫。注意，是懂得浪漫，而不是要求這個男人一定要多麼浪漫。男人多是實用型的，妳不要奢望他去瞭解女人小腦袋裡那許多的古怪想法，不要奢望妳的他會彈著吉他在妳的窗外唱一夜的情歌。優質男人是很少捨得花費時間和心血在營造浪漫上的，他們要拼事業、拼人生，要給妳一個美好未來。但是稍微有點情調的男士都會花錢去買浪漫，這叫做消費。從送玫瑰、送玩偶，到送寶馬、送豪宅，不同經濟基礎的男人會有不同的選擇。沒必要要求妳的男人會寫情詩，會經常送妳驚喜，他只要懂得有種氣氛叫浪漫就好了，這樣他不會在妳裝可愛時說

妳矯情，不會在妳準備燭光晚餐時抱怨光線太暗，更不會在妳披散著長髮、穿著性感睡衣時揶揄妳像是女鬼。一個懂浪漫的男人會呵護女人心底的小小夢想，更會懂得爲妳營造創造浪漫的一切物質基礎。

男怕入錯行，女怕嫁錯郎。婚姻也可以算是女人的事業，中國陽光媒體投資集團創始人楊瀾算得上是有才有貌，無需依附男人生存，但她依然堅持：女人就是要嫁得好。婚姻是女人的第二次投胎，選擇了什麼樣的男人和婚姻，就注定會有什麼樣的生活，所以女人一定要挑好屬於妳的那條魚。

第二節 工欲善其事，必先利其器

如今各大城市裡已經漸成女多男少的勢頭，男人們又如同泥鰍般滑不溜手，想隨便下手就能撈條又肥又大的魚，只能等菩薩顯靈了。要成功釣上妳心儀的那條肥魚，準備工作是一定要做好的。

釣魚所用工具不外乎魚竿、魚鉤，再粗放一點的可以直接用魚網。至於說炸魚和電魚，危險係數和破壞程度都比較大，不在我們的討論範圍。

女人自身的素質如同魚竿，只有本身品質夠硬，才能去挑戰夠級別的大魚。魚竿有粗有細有長有短有軟有硬，妳要釣什麼樣的魚，就得把自己修煉成什麼樣的竿。在金魚池裡用海竿顯然是暴殄天物，可若妳只是根鯉竿，卻幻想著到海裡釣上一條大白鯊，那恐怕只能貽笑大方了。所以當妳看準了妳的那條魚，別忘了先把自己修煉成最好的竿，否則竿折餌蝕，勞命傷財，真是何苦來哉。

都說淑女是男人的終極夢想，但既然是夢想也就大抵等同於幻想，未必是現實的男人們眞正的最愛和最終選擇。還記得那個「葉公好龍」的故事吧！春秋時楚國貴族，字

子高，受封於葉，自稱「葉公」，愛龍成癖，器物上雕著龍，房屋裡畫著龍。天上的龍聽說人間有一位葉公如此喜愛自己，決定下凡致謝，把頭伸進葉公家的窗。葉公看見眞龍，嚇得面如土色拔腿就跑。淑女之於男人，某種程度上講就彷彿龍之於葉公。男人口口聲聲都喜歡淑女，但一個眞正的淑女出現在面前時，卻不是人人都能消受得了。所以作者曾經跟朋友感歎，現在這社會已經不適合淑女的成長了，處處要爭，事事要搶，淑女要活下來，恐怕非頂著英國皇室的頭銜不行吧，何況皇室公主們都已經公開背離淑女原則了，平凡如咱們也就不用削尖了腦袋往淑女陣營裡鑽了，頂多做一個披著淑女外衣的妖精。

配得起淑女的，得是眞正的紳士，得時時處處都遵循lady first的原則，進門時得爲她開門，進門後得幫她脫衣掛帽，她受驚暈倒時爲她奉上嗅鹽，她巧笑倩兮時溫柔的注視她的雙眼，不要一點的褻瀆和邪念。一個眞正的淑女，你能讓她去擠人多如沙丁魚的公車嗎？你能讓她下廚房對著雞呀魚的揮舞菜刀嗎？你能讓她虛僞的笑著去拉關係跑客戶嗎？顯然不行啊，這麼做簡直就是有辱斯文。家裡養一個淑女，絕對是對男人實力和耐力的考驗。男人也知道這一點，所以雖然全世界都說他們愛淑女，可卻沒有幾個人眞把娶個淑女當成人生目標。

說來說去，男人骨子裡最愛的是「田螺姑娘」。一個勤勞的高齡貧窮農家漢，下田時無意中撿到一個大田螺，就帶回家養在水缸裡，後來接連幾天單身漢回家時都發現家裡收拾得井井有條，有一桌可口的飯菜。他覺得奇怪，就躲在窗外看，發現從水缸裡出來一位天仙般的姑娘，熟練的做家務，然後又回到水缸裡。原來就是那隻大田螺，牠是來報恩的。後來單身漢和田螺姑娘成了家，過著甜美的日子。這個故事眞是完美的刻畫了男人們一切的夢想和意淫癖。一、男人喜歡美女，一個田螺變出來的都是天仙般的姑娘呢；二、尤其是勤勞的美女，這個姑娘得爲他洗衣做飯收拾家務；三、勤勞的美女還很懂得察言觀色，該出來的時候出來，不該出來的時候絕對不添煩添亂；四、這美女還不計較他的工作家庭財產情況，無條件的「我的眼裡只有你」；五、得來全不費工夫，不用唱情歌送玫瑰，隨便撿的田螺扔水缸裡就能成就美好姻緣。到了今天妳再看，人類進化了這麼多年，男人心裡那點兒事卻是很頑固的傳下來了。

這個社會要求女人要出得廳堂入得廚房，男人要求女人在客廳像淑女，在臥室像蕩婦，在廚房像大廚。男人喜歡淑女?開玩笑，男人喜歡看起來像淑女的妖精!妖精是何

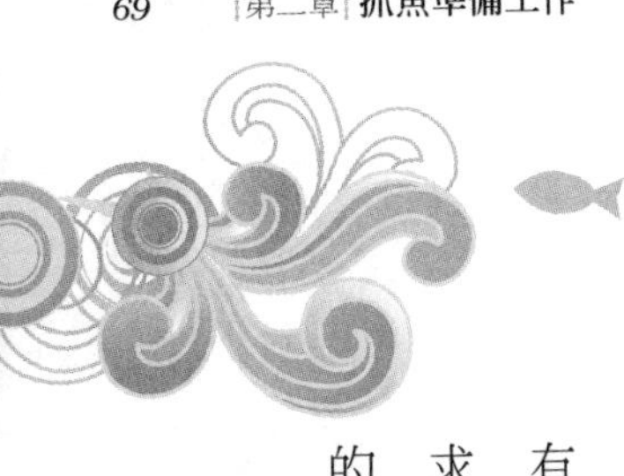

種人物？溫柔嫵媚，遊刃有餘，見人說人話，見鬼說鬼話的玲瓏人兒。做女人做到妖精的份上才算是功德圓滿，而且要是個內斂的妖精，內斂得像淑女。要達成這個目標，必須修內養外，外加妖精修煉大法，三管齊下。

女人要修內

先說修內，要培養妳自身夠硬的競爭力，請注意以下方面。

1. **經濟獨立，有自己的工作或者可以爲之奮鬥的事業**。男人不傻，他們可不想那麼容易就成了砧板上等待宰殺的魚。所以要贏得男人的心，首先得做個獨立的女人，以不依附於男人的姿態出現。讓我們重複一萬遍這句話吧，女人一定要工作。就算是SOHO或兼職也好，工作可以開闊女人的眼界，培養社交能力，保持思維的敏捷和活躍。

2. **有良好的修養**。修養是一個人思想、能力、品德、知識等素質的綜合體現。彬彬有禮，不卑不亢，熟知社交禮儀，穿衣打扮注意場合，舉止文明，這都是基本的處事要求。多讀書，別以爲看了點報紙娛樂版和八卦雜誌就算是讀書了，我說的是眞正有營養的書，書會豐富妳的心靈，開闊妳的眼界，充盈妳的思想，這不是一天兩天可以收到效果的，幾年十幾年之後，當漂亮的容顏老去，妳還會擁有迷人的儒雅氣質，這種氣質，是將多少華服堆在身上都效仿不來的。

注意社交禮儀，參加宴會要仔細看清請柬上有沒有寫明著裝要求，穿禮服參加休閒聚會和穿T恤牛仔參加商務晚宴，都是很尷尬的事情。不過更重要的是，不要因爲別人的失誤或者失禮而反應過度，尊重別人的思想和習慣，平等的對待每一個人，不自卑也不狂傲。契訶夫曾說：「良好的修養不是體現在你吃飯的時候，不會把菜湯滴到桌布上，而是體現在別人不愼把菜湯滴到桌布上的時候，你能不露聲色。」

3.**積極樂觀的生活態度**。生活的不如意十之八九，有很多事情是我們單方面的努力和奮鬥所不能達成或改變的，這個時候一方面要接受事實，另一方面要保持樂觀的心境。半杯牛奶，悲觀的人會說「可惜只剩下半杯了」，而樂觀的人說「太好了，還有半杯呢」；一串葡萄，每次都挑最好的那粒吃，悲觀的人說「每況愈下，一個不如一個了」，而樂觀的人依然會很欣慰「我吃的每一顆，都是剩餘的裡面最好的。」看，同樣的事情，悲觀和樂觀會有完全不同的看法和情緒，而在現實生活裡，這不同的看法和情緒就會影響到我們下一步的選擇和行動。

以積極樂觀的態度去面對生活，失敗就不會那麼可怕，挫折也沒那麼難耐，不管跌倒多少次，都要告訴自己不能放棄希望，不能放棄努力。即使一條路注定走不通，那選擇另外一條路或許會有更美的風景。有人說過這麼一句話：「今天是黑暗的，明天也是黑暗的，但後天是光明的。只是大部分人死在明天晚上。」懷著希望努力和堅持吧，不要做死在黎明前夕的人，有時候離最後的目標眞的只差一步。

4.善良、正直。也許妳會反駁，善良和正直能幫助我們成就事業得到愛情嗎？中國歷史上唯一的一個女皇帝武則天她善良正直嗎？她玩弄權術心狠手辣，可人家先是集寵愛於一身，後是集權力於一身，成就前無古人後無來者的霸業，無人能望其項背啊。武則天確實是歷史上的一個傳奇人物，她的是非功過與她過人的美貌、治國的才幹、對權力的執著欲望、高宗李治的昏庸等很多因素都有著千絲萬縷的聯繫，只是她爲了達到自己的目的，親手掐死了小公主，毒死兒子李弘，殺死李賢，廢了李顯、李旦……這是個爲權力而生的女人，可是對權力的追逐讓她失去了兒女繞膝的天倫快樂，她得到天下但沒有家。

善良是人們感知美好的基礎，是人間大愛，甚至是可以溫暖人心感化罪惡的力量。

一個善良的人會愛護自然保護生態，一個善良的人會設身處地的爲他人著想，一個善良的人會盡力去幫助別人。所有流傳至今的信仰裡，都有一個宗旨是引人向善，基督教、佛教、伊斯蘭教莫不如此，因爲只有在一個民衆善良的社會裡，才可能實現發展，實現和諧。老子在《道德經》裡說：「天道無親，恒與善人。」意思是宇宙自然的大道沒有親疏之分，永恆給予善爲道的人。正直和善良一樣是社會需要的美好品德。一個正直的人有明確的是非觀，有正義感，講信用，秉承公道。正直是人的處事之本，立世之基，它也許不能給妳帶來眼前的名利，但能夠讓妳得到友誼、信任和尊重。缺少了正直的社會將會是非不辨，曲直不分；而缺少了正直的人，即使善良，也不過是個唯唯諾諾的濫好人，不能成大事。因此，一個聰明人，一定懂得尋找一個善良正直的人作自己終身的伴侶。

5.**灑脫**。灑脫說白了就是拿得起放得下，不在一棵樹上吊死，不在一件已經擺明沒有機會的事情上浪費精力，不糾纏於一段已經結束的感情。灑脫不是對人和物的無所謂和蠻不在乎，灑脫是知道自己要什麼，也千方百計的爭取，但萬一失敗了，不要去怨天尤人，不要把自己困在痛苦和失落裡不出來。人生漫長，值得追逐的事情很多，不如把

過去拋在腦後重新啓程。不爲灑掉的牛奶惋惜，不爲舊情人傷心。

6.**勇敢**。女人也需要勇敢嗎？難道不是只要小鳥依人的依偎在男人懷抱裡就好嗎？當然不是。柔弱的女人也許會激起男人本能的保護欲望，而勇敢的女人則像是破繭而出的蝴蝶，幻化出異樣的美麗。人生在世，很多事情是不能靠別人代勞的，必須自己去選擇和面對。勇敢的女人願意爲自己的事業去打拼，勇敢的女人願意爲自己的愛情而付出，勇敢的女人會在很多刺激性的活動裡得到別人得不到的快樂和成就感。

格格，二十九歲，活動企劃

格格是個美麗的混血女孩子，也許是血液裡流淌的南美風情，她蓄著長長的捲髮，化很細緻的妝，顧盼間又是別樣的媚惑。她豪爽奔放，看不慣的事情會毫不留情的直接說出來，聚會的時候會臉不變色、心不跳的和男人拼酒。格格曾經有個帥氣的男友，被朋友們稱做金童玉女，倆人一起喝酒、一起飆車，可算是快意人生。後來男人卻出軌了，和她也認識的一個女人，一個不及她漂亮卻楚楚可憐的女人。格格很決然的斷了和他的聯繫。她也傷心過，徹夜喝酒，把自己關在家裡閉戶不出，在部落格上寫滿灰色的文字……這樣過了一個月，格格又慢慢恢復了活力，她開始美容、做頭髮，買漂亮的新衣服，刪掉部落格裡洩氣的話。一個人的空間時間多了起來，她就去客串表演，彈鋼琴演話劇，重新開始練習攀岩，給雜誌拍照，把自己的日子安排得豐富多彩。格格說：「恢復單身，讓我的未來又有了無數種可能。」

女人要養外

養外亦不可少。都說世上沒有醜女人只有懶女人，雖然說以貌取人是不對的，可對外表放任自由也是不行的。外表對女人的重要性，就不用再嘮叨了吧，大家都是心知肚明的。女人就是要活到老美到老，老到八十歲還是一朵花。而美麗，究竟有哪些呢？

1. **健康的身體**。健康的身體是一切美麗的前提，那些病態的美麗只是爲了取悅別人，而病態注定不能長久，最終會毀了妳的身體。要正確控制妳的體重，不要太胖也不要太瘦，不要用暴飲暴食來增肥，也不要用隨便吃減肥藥、減肥茶的方式來減肥，目的不一定達到，腸胃卻一定會鬧罷工。用最天然的方式吧，運用適當的飲食調節，再就是保持適當的運動。運動過量也是有害的哦，尤其不要在身體很疲憊的時候還過量運動，這幾年猝死的例子已經不少了。要保證健康的身體還需要有健康的生活方式，規律的作

息、飲食時間，少泡夜店，戒煙少酒，多吃蔬菜水果，控制脂肪熱量的攝入量，安排一定的戶外活動。另外，還要定期體檢，女性的婦科體檢最好每年一次哦，將疾病扼殺在萌芽狀態。

2.**適當的運動**。還是把運動單獨提出來說一下吧，因為它實在是很重要。選擇適當的運動不僅可以使妳擁有健康的身體，還可以讓妳擁有優美的姿態。適合女性的是比較舒緩的有氧運動，爆發力和強度太大的運動會使妳的肌肉賁張，失去女人的柔美感哦。如果有條件，可以報舞蹈班，尤其是芭蕾，不過芭蕾一個很致命的弱點是練過的人很容易就變習慣性撇腳，這個要自己注意啦。鍛煉的目的達到了，還可以修正身姿，提升美感和身體的協調度，人看起來會更挺拔更靈巧。身體協調度不夠好，或者實在對舞蹈不行的，可以試一下提拉皮斯和瑜珈，同樣可以發揮很好的塑身美體作用，比投資在什麼美體內衣上可健康多了。

還有兩種運動是最簡單、最經濟而且可以長久堅持的，那就是跑步和游泳。跑步應該是起碼半個小時以上的慢跑，有很多的好處，包括增強心肺功能、改善血液流通、改善腿部臀部肌肉、燃燒脂肪、愉悅精神、提高睡眠品質等。記得千萬不要很興奮的來個百米衝刺，過分的爆發力會讓妳的小腿肚很恐怖的鼓起來，這可不是女性美的範疇。游泳就更是男女老少皆宜了。基本上來說，跑步能夠發揮的作用游泳都能做到，而且它不會損傷關節和肌肉，夏天更能在一片碧波蕩漾裡找到涼爽感覺，心曠神怡。

3.**天使臉孔**。這個也許有點誇張，不過面子工程眞的不能忽視。在人的交往中，第一印象占了很重要的位置，當我們被介紹給陌生人時，第一反應是看對方的臉、對方的眼睛。相貌的美醜是天生的，要求每個女人都貌如天仙不可能，但千萬別忘了每時每刻都把自己調理到最佳狀態。在這樣一個多元化的時代，人們的審美標準也不盡相同。中國大陸那個小眼睛、塌鼻樑、扁平臉、厚嘴唇，還有一臉小雀斑的呂燕，不就是在國際秀場上豔驚四座一夜成名嗎？關於呂燕到底是絕色還是奇醜，其實沒必要爭論，關鍵是她身上的那份從容淡定，那份堅韌率眞。所以說，每個人都有自己與衆不同的一面，挖掘並肯定自己，自信與個性也是一種美。

一張容光煥發的臉會讓身邊的人都感受到如清風拂面，而一臉暗黃加黑眼圈，就暴露了妳的疲憊和焦慮，要讓自己呈現完美狀態，一定要記得首先保證身體的健康，底子的好壞絕對會反映在妳的外貌上。明代李挺在《醫學入門》中說「髮乃血之餘，血盛則

發潤，血衰則髮衰，血熱則髮黃，血敗則髮白矣。」頭髮如此，膚色、雀斑、皺紋也是如此，和人本身的健康息息相關。其次保證睡眠品質、遠離輻射。晚上的十一點到次日凌晨三點間是人體新陳代謝旺盛、自我調整最好的時間，這個時間的深度睡眠對皮膚很有好處，通常人們叫做「美容覺」，所以儘量不要熬夜，以免錯過最佳的自我修復時間。睡覺之前，一定要把妝卸乾淨，對皮膚進行適度清潔，塗抹晚霜和眼霜，放鬆身心，一覺睡到大天亮。我們的肌膚白天總是暴露在陽光、灰塵、輻射中，受盡傷害，所以一定不要錯過夜晚的修復機會。

防曬是時刻不能放鬆的，陽光是破壞皮膚的殺手，雀斑、皺紋、角質增厚都有它的因素哦。尤其是進行戶外活動的時候，塗抹防曬霜的同時最好戴帽子或者打陽傘，因爲我們很少會有人每隔兩個小時重新塗一次防曬霜。還要注意要給眼周和唇部的嬌嫩肌膚以特別的呵護，保護眼睛最好的辦法是戴太陽眼鏡，但一定要到正規有品質保障的地方購買，否則不僅不能保護眼睛和眼周肌膚，還會造成一連串眼科疾病，就得不償失了。唇部要使用具有防曬效果的唇膏。唇部有乾皮時千萬不要用手撕，也絕對不能用舌頭舔，應該用溫熱的濕毛巾捂一下，讓乾皮膚恢復柔軟，然後小心的用軟毛刷祛除，再塗上含有維生素E等保養成分的唇部保養品，這樣才能讓妳的嘴唇如鮮花一般嬌嫩欲滴。

有些人的臉上容易長痘痘，從青春期開始就辛苦的戰痘不止。對付痘痘，最先要確認是否爲遺傳和內分泌的因素。如果是這兩個因素，只做表面功夫是不夠的，有時候還需要諮詢醫師用藥物調節。普通痘痘的形成多是因爲皮膚清潔做得不好，油脂和污垢堵塞毛孔而引起。平時要注意飲食，少吃油膩刺激的食物，少喝高糖分的果汁和碳酸飲料，做好皮膚的清潔護理工作，補水控油雙管齊下，慢慢調理總會有撥開烏雲見日出的一天。

皺紋是女人最怕的一種東西，清晨照鏡子發現自己新長的一條皺紋，恐怕比發現一隻老鼠還要恐慌。女人都希望皮膚能一直如嬰兒般嬌嫩，像果凍一樣光滑吹彈可破，可皺紋的來臨是我們不能阻擋的，能做的只是推遲它出現的時間和它蔓延的速度。最容易出現皺紋的地方是額頭、眼角、鼻翼下方和頸部。從二十五歲開始，女人的生理狀態就開始走下坡路了，也就是從這個時候起，妳要認眞對待妳的肌膚，飲食上注意補充膠原蛋白，晚上要使用眼霜，平時不要用力揉搓臉部皮膚，不要頻繁的做太誇張的表情。頸部是很容易被我們忽視的地方，或者說是懶得去護理，所以常見一張精緻的臉孔下是暗

黃皺褶的頸部。千萬不要忘記，頸紋會出賣妳的年齡哦。頸部護理也很簡單，有不少專門的護頸化妝品，空閒時做一下頸部的拉伸活動，用手從下到上做個輕柔的按摩，就可以讓它成爲妳美麗的一部分。

髮型最能夠直接改變人的視覺效果，如果可能，請找一兩個固定的髮型師幫妳打理頭髮，不要把自己的一頭青絲當成某些新手的試驗品，一剪刀下去就有可能讓妳欲哭無淚呢。通常而言，短髮清爽俐落，長髮溫柔嫵媚，可以根據自己的身高、胖瘦、臉型、性格、職業選擇最適合妳的那款。

4.**魔鬼身材**。同天使臉孔一樣，眞正天生麗質、細腰豐臀的畢竟是少數，可是女人的野心之大，總是要在有限的資源上發掘出無限的可能來。挺拔的姿態可以大大增加一個人的精氣神，所以無論妳高矮胖瘦，都要讓自己昂首挺胸，彷彿頭頂有個人在揪妳的頭髮一樣。

現在西式的、速食式的、高油高脂高熱量的飲食已經讓肥胖人群越來越龐大，高血脂、高血壓、高血糖患者也越來越多，肥胖正困擾著很多人，包括愛美的女人，總是覺得自己臉還應該再小一點，腰應該再細一點，手臂應該再纖瘦一點。那麼，怎樣才是標準呢？衡量體重是否超標，普遍採用的是「身體質量指數（BMI，Body Mass Index）」，計算方法是體重（公斤）除身高（公尺）的平方，男性的理想值是二十二，年輕女性的理想值是二十到二十一。BMI小於十八．五被稱爲營養不良，大於二十五就屬於體重過重了。

最健康的減肥方式，就是適當控制飲食加適度運動。每週可以拿出一天來，只吃水果蔬菜不吃主食，既可以消耗體內脂肪，還可以清理腸胃，又不會像什麼三日蘋果減肥餐之類的方式，餓得妳頭暈眼花，搞到腸胃功能紊亂。

還有一些塑身的小動作很適合日常應用，在妳刷牙洗臉看電視甚至工作的時候就可以進行，不佔用額外時間，一舉兩得。刷牙洗臉時可以單腿站立，將另一條腿儘量向後擺，然後堅持一分鐘換腿，這樣不僅可以鍛煉妳的平衡能力，還可以收緊臀部和大腿肌肉，後擺腿是可以讓臀部變翹的小竅門哦。看電視的時候要遵循「能站不坐，能坐不躺」的原則，千萬不要一晚上都把自己塞在沙發裡做沙發土豆。看電視的時候可以做一些簡單的四肢運動和腰部運動，或者做瑜珈裡的打坐動作，調整呼吸，堅持下來可以調整身姿，而且有減肥的功效。在辦公室裡也是可以充分利用時間空間的，在座位上雙腿

或輪流單腿離地抬高，緩解下肢血流不暢的同時，有收緊肌肉的作用。這樣事半功倍的小竅門有很多，只要注意，就一定會有驚喜的收穫。

5.合時宜的裝扮。現在的流行，彷彿越是年輕的小姑娘越把自己打扮得成熟媚惑，言語行爲也是語不驚人死不休，一口一個「老娘」如何如何；而已經不再年輕的，卻是憋足了勁的裝嫩裝純情，拼命揪住歲月的小尾巴，口口聲聲「我們女孩子」、「我們女生」，也是頗讓人驚恐。所以有朋友感慨，現在的小姑娘根本猜不出年紀來，十八的打扮得像二十八，二十八的打扮得反而像十八。

穿衣打扮要遵循的還是老生常談的四大原則。一是要和環境相協調。在家可以穿家居服，在辦公室就要穿正裝或者半正裝，去KTV或酒吧可以打扮得前衛甚至怪異，看歌劇音樂劇就要小禮服加身了。二是要和身份一致。每個人同時都具有不同的社會角色，在職場面對同事要衣裝整潔大方，下班後面對朋友戀人就可以打扮得輕鬆隨意。三是要和時間相協調。一年有四季，每個季節的溫度和色調都是不同的，我們就得遵循大自然的規律，在衣服的材質、色彩、樣式上做出相應的選擇和調整，才能讓自己穿著舒服，別人看著也舒服。四是要和自身條件協調。妳需要瞭解自己的優缺點，知道哪些特點是可以強調的，那些缺陷是要彌補和遮掩的。譬如，個子矮小的可以穿豎條紋和高跟鞋，高大的可以利用雪紡和流蘇營造飄逸感，平胸的可以穿荷葉邊上衣佩戴眩目誇張的項鏈轉移注意力，臀小的可以穿蓬蓬裙讓自己膨脹一下，娃娃裝可以遮掩肉感的手臂和突出的腹部，長裙則可以掩蓋不完美的腿型……只要妳注意選擇和搭配，衣服飾品就能發揮它揚長避短、錦上添花的功能。

公衆場合尤其要注意自己的穿著，不要穿露背裝和拖鞋，這是對自己的尊重，也是對別人的尊重。如果妳的公司要求上班穿正裝，妳可以不選擇古板的西服套裝，但一定要注意衣服的花色不要太花俏，款式不要太新潮。如果是參加會議或者談判，請選擇套裙而非褲裝。不要穿太緊身或太寬鬆的衣服，它應該是合體的，不會緊身到讓人覺得誘惑，也不會寬鬆到抹殺妳的女人味。

都說女人的衣櫥裡永遠少一件衣服，確實，很多女性朋友都有這樣的苦惱，對著衣櫥裡滿得快要溢出來的衣服，仍然找不到一件最滿意的，只好大歎一聲：「又沒有衣服穿了！」在電影《The Devil Wears Prada》裡，層出不窮的Dior、Chanel、Gucci時裝讓每一個女人看得口水直流；《Sex And the City》裡的carrie可以花掉一半的積蓄只

爲買一雙鞋子。菲律賓前第一夫人伊美黛是個追求奢華到瘋狂的女人，她擁有三千多雙鞋，五千多條裙子，珠寶以百公斤計……女人是物質性的，天生對漂亮精緻的衣服鞋子缺少抵抗力，但是絕大部分女人對這些昂貴的漂亮寶貝是要望洋興嘆的，我們要考慮的是如何在有限的財力下把自己打扮得明豔照人。女人購物應該注意的是：千萬不要趁折扣季腦袋一熱，抱回一堆不適合妳的衣服；T恤牛仔可以買便宜的，但包和鞋子一定不要湊合，因爲它們會影響妳的整體形象；不要試圖買到既休閒又正式、既淑女又運動的衣服，「四不像」的衣服只會淪落到壓箱底的命運，因爲正式場合妳會嫌它不夠正式，運動場合妳又會嫌它不夠運動；一定要有一兩套拿得出手的衣服，在關鍵場合才不會黯然失色。

6.**畫龍點睛的小配件**。也許無孔不入的狗仔隊已經讓妳注意到了，很多明星的日常裝扮有時候看起來也很普通，可她們出現在螢幕上卻是非常醒目而與衆不同。衣服、妝容和髮型當然是很主要的原因，但還有一個重要因素經常被我們忽略，那就是配飾。日常生活中，我們傾向選擇細小而精緻的項鏈和耳環，以爲看起來會比較清新雅緻，事實雖然如此，但是細小的東西並不能讓人瞬間產生眼前一亮的感覺，只有大而誇張、設計特別的款式最能抓人的眼球。

我們經常會用到的配件有項鏈、耳環、戒指、手鏈、絲巾、髮帶、帽子、手錶、太陽眼鏡。即使是一件簡單的白襯衫甚至無袖背心，利用長短、風格不同的項鏈和絲巾就可以搭配出無數種變化來。一般來說，服裝與多個配件之間最好有共同點，譬如相似的顏色、相同的風格，或者同系列的幾何形狀。運動風就不要搭什麼黃金飾品，波希米亞風就不要選擇珍珠。混搭越來越流行，但混搭是最考驗妳的眼光和功力的，搭好了確實很驚豔，搭不好效果可就很驚悚了。所以當妳嘗試混搭時，如果拿不準主意，就記著「多一件不如少一件」，千萬別把自己打扮得像是流行飾品展示台。

衣服和配飾的搭配原則是一定要有主有次，很炫的配飾最好搭配簡約經典款的衣服，而如果衣服本身已經很華麗了，就可以簡單搭配一兩件配飾；如果衣服設計感再強一點，不戴配飾也是可以的，免得看起來累贅和不合適宜，畢竟我們並不是要出現在舞臺和紅地毯上。

項鏈耳環之類可以是各種材質的，真金白銀當然可以，合金亞克力等也可以，色彩鮮豔的玻璃珠塑膠珠很適合海邊夏威夷風情和波西米亞風格，只要夠精緻就完全沒問

題。手錶就不同了，不戴沒關係，帶個二三線的小牌子也沒問題，就是不要買所謂的大牌A貨，甚至是粗糙的B、C、D級貨，被眼光毒的人辨認出來可是足夠顏面掃地。

7.笑臉。有些人是不會笑的，這不是我在誇張哦。笑分很多種：微笑、大笑、狂笑、冷笑、奸笑等等。不同的笑臉給別人的感覺也是不一樣的。一張夠親切、夠眞誠的笑臉，可以拉近人與人之間的距離，讓自己和身邊的人都精神愉悅，有時候還會是妳打開成功大門的推力。曾經在一次聚會上認識了一個女孩子，單論樣貌並不是特別漂亮，但是看起來就是非常的舒服，讓人覺得如沐春風，不自覺的想要跟她說話。後來跟朋友打聽她的情況，才知道原來這女孩子是空姐，於是恍然大悟，爲什麼她看起來那麼有親切感，原來就是她臉上一直洋溢著的微笑。微笑對她而言已經是習慣了，可就是這樣習慣性的微笑都會給人留下深刻印象。

微笑其實是可以練習的，尤其是當妳需要面對客戶、面對上司、面對戀人的時候，妳需要找出妳最眞誠、最嫵媚的笑臉。對著鏡子練習吧，當妳見到人就會不自覺的嘴角上揚，綻開一個最美麗的笑臉時，妳會發現原來人和人之間的情緒是可以互相感染的。人是情緒性的動物，妳對別人笑，別人就會對妳笑，妳會處在一個到處都是笑臉的環境中，這樣不是很好嗎？微笑可以減輕陌生感，可以融化堅冰，讓最堅強的男子動情。

即使在妳痛苦和傷心的時候，也試著微笑吧，告訴自己一切都還不算太壞，一切都還有希望，告訴自己微笑著面對，當妳笑出來的時候，也許妳會發現一切眞的不是太糟糕，心情也會隨著笑容慢慢好轉。而就在這微笑中，妳的感情也隨之萌芽或新生。

8.保養妳的手。手是女人的第二張臉，據說從手就可以看出一個女人的生活狀況和出身，一雙柔細美麗的手，可以爲妳的整體加分。手的護理很簡單，做家務時戴上橡皮手套，洗手後塗抹橄欖油或者護手霜，做面膜時可以把多餘的液體塗在手上，閒暇時間做一下手部運動和手部按摩，增加手的美感和靈活度。指甲是身體健康的晴雨計，指甲的顏色、斑點、溝壑等都在暗示妳的身體狀況。健康的指甲應該是淡粉色，有柔和的珍珠光澤，表面光滑沒有凹凸的斑點和明顯的橫豎紋理。如果指甲的狀態忽然有變化，通常是預示著內部器官的病變，要及時看醫生哦。

古人說「執子之手，與子偕老」，戀人說第一次牽手時會有觸電的感覺，從古羅馬時代開始，人們就習慣將婚戒戴在無名指上，相傳無名指與心臟相連，用戒指套住了所愛的人的無名指，就可以永遠留住他的心。古往今來的愛情，都與手有關，好好保養

手，就像呵護我們的愛情，然後用最美麗的那個無名指，承載起愛情的承諾。

修內養外之餘，妳還應該有兩三個閨中密友。請注意我說的是閨中密友而非朋友，這就限定了是妳的同性好友。兩三個閨中密友可以保證妳在無聊的時候找到人陪妳聊天逛街，保證妳在煩悶憂傷的時候可以找到人喝酒K歌，或者只是靜靜的待著，讓妳不孤單。八卦是女人的天性，很多難熬的時光可以在閒聊中度過。如果妳單身，妳的閨密們可能會將透過各種管道結識的單身男人介紹給妳；如果妳有固定伴侶，妳的閨密們則可以和妳一起分析他的性格、他的愛好，一起切磋如何讓身邊的男人愛妳愛到不能自拔。她們還可以是妳的耳目，妳的口舌，必要時替妳監督他的一舉一動，或者將妳不好說出口的話、妳心裡隱藏的意思轉達給他。當妳和妳的男人吵架了、鬧冷戰了，彼此誰都找不到臺階下時，閨密還可以發揮從中調停的作用。尤其是當妳失戀了，閨密那裡將成爲妳最好的療傷場所，她會小心的照顧妳，陪妳一起罵那個負心漢，跟妳一起總結經驗教訓，和妳一起去酒吧喝酒調戲小帥哥。

爲什麼不能是異性好朋友呢？答案很簡單，如果妳有男友，妳的男朋友會因爲妳與其他男人過往甚密而心生不爽，會猜忌吃醋；如果妳的男性好友有女朋友，她的女朋友會恨妳搶走了原本專屬於她一個人的他；如果妳們都是單身，那就更不得了，孤男寡女共處一室更是曖昧得很。即使妳認爲心如明鏡，別忘了人言可畏；即使妳相信他是柳下惠轉世坐懷不亂，別忘了男人可是下半身動物，再來點靡靡的音樂，來點酒精，來點昏暗的燈光，衝動之下說不定就會一失足成千古恨啊，到時候就算再做朋友都尷尬了。

然後，妳最好有幾個拿手菜，哪怕大部分時間裡妳是十指不沾陽春水的嬌小姐。現在因爲生活節奏加快，年輕人已經很少能夠像他們的父親母親那樣固定在家吃著一日三餐了，很多時候是工作餐、速食、聚會，但這並不表示妳就可以放棄做飯這項技巧。一頓妳親手做的飯對於男人意味著什麼呢？相當於妳在情人節時收到的玫瑰花。妳爲他洗手做羹湯，會讓他感覺到妳對他的愛和關心，讓他感覺到家的溫馨。外面的菜式再漂亮再美味，裡面是沒有感情的。假如上天不開眼，妳的菜沒能栓住他的胃，妳沒能栓住他的心，妳單身了，那也沒關係，做一頓大餐給自己，念著他的名字狠狠切菜，把它扔進鍋裡爆炒狂燉，等妳發洩完了飯菜也做好了，剩下的事情就是安慰自己的胃吧！速食吃多了是要傷身的，一個人的時候尤其要好好照顧自己，絕不能把自己折騰得很憔悴。

有自己的社交圈子和愛好也很重要。常見很多女人戀愛或結婚後就開口閉口離不了

那個男人，彷彿自己就是爲了他而存在一樣。妳能遇到自己很愛很愛的人，很幸運，但不要抱得太緊，抱得太緊會讓妳和他都喘不過氣。距離太近就會像兩隻刺蝟一樣互相傷害，要懂得留出適當的空間給彼此。手抓得越緊，手心裡越空；而鬆開手，妳會擁有整個世界。當他工作時不要喋喋不休跟他講週末的安排，當他跟朋友聚會時不要每小時一通電話的追問他在哪裡、和誰在一起、什麼時候回來？有時候妳的過分關心會成爲他的負擔，甚至讓他厭惡。妳有自己的社交圈子和愛好，就會分散一點妳放在他身上的注意力，會關注除了他以外的世界，而這個除了他以外的世界，才是能讓妳在他面前永遠保持新鮮和吸引力的關鍵，也是讓自己永遠保持活力和對生活激情的關鍵。

安，二十六歲，外商內勤

安大學讀外語系，畢業後也就一直在外商工作，屬於比較西化的女孩子。她性格活潑開朗，喜歡旅遊，和王漠相遇在馬德里，兩個相同城市的人在異地相識，相見恨晚言談甚歡，旅途結束後兩人也一直保持著聯繫，一起吃飯爬山逛遊樂場，都覺得彼此脾氣性格愛好相似，有很多共同話題。後來兩個人結婚了，生活在一起卻發現了問題：安只會做簡單的西餐，早飯三明治牛奶，晚飯雞排魚排豬排牛排蔬菜沙拉，一天兩天可以，一個月兩個月也能湊合，時間長了王漠就受不了了，說我這從小吃饅頭米飯養起來的肚子，妳天天餵我麵包沙拉，我受得了胃也受不了啊。安呢，也覺得委屈，你我一樣工作賺錢，我每天安排早餐晚餐你還有意見，你有意見你來做啊，反正開放式廚房你絕對不能給我弄得滿屋油煙味。幸好兩人感情基礎尚好，沒為這個鬧得雞犬不寧，最後只好協調，安學點簡單的食譜，隔天則是麵包沙拉。

妖精女人修煉大法

都說巧婦難爲無米之炊，妖精卻能點石成金畫餅充饑，可見妖精比起一般的精品女人來更是有能耐，眞正是道高一尺魔高一丈。何謂妖精呢？妖嬈、精明者是也。妖嬈是外形，縱使不是風華絕代也必定精於裝扮，嬌豔溫柔，煙視媚行；精明是內心，總能一眼看透到男人心裡去，知道如何取悅男人，並從男人那裡得到自己想要的。想迅速鎖住男人的眼睛和男人的心嗎？快看妖精修煉大法。

1.**永遠優雅**。男人是如假包換的視覺動物，想吸引他當然要把自己打扮得美美的，

以最驚豔的姿態出現在他面前，讓他眼前一亮。如果不夠美麗，就要找出自己的特點爭取做到與眾不同，獨具特色，讓他過目難忘。妖精女人永遠不會蓬頭垢面的出現在男人面前，永遠不會讓男人看到她剔牙拔腋毛的樣子。

2.**善解人意**。徐志摩曾經說過：「我將於茫茫人海中尋找我唯一之精神伴侶，得之我幸，不得我命。」男人對於紅顏知己有一種類似偏執的情結，這就是爲什麼很多已婚多年的男人慢慢開始不安於婚姻的緣故，因爲他永遠會夢想找到世界上最懂他的那個人。所以身爲妖精女人，他生氣的時候要遷就，他得意的時候吹捧他，他成功了妳要說：「親愛的，我就知道你最厲害了。」他失敗了妳要說：「寶貝，就算你再落魄我也會陪在你身邊，我愛你。」總之，察言觀色，維護他的自尊，突出妳對他單純的愛，讓他脆弱的心理需求得到滿足。

3.**眼睛會說話**。一個嫵媚的眼神，一個流轉的眼波，足以讓大多數男人浮想連篇。練習對著鏡子用眼睛說話吧！妳的思念、妳的愛慕、妳的嬌羞、妳的嗔怪，從眼睛裡流露給他，不用說話，一個眼神足以讓兩個人之間充滿了默契。

4.**神秘感**。千萬不要太坦率的對著男人表白，說妳有多麼多麼愛他，一日不見如隔三秋，千萬不要把自己的情感經歷、有過幾個男友、爲什麼分手全都一股腦的倒給他。保持一定的神秘感，讓他有種摸得著抓不牢的感覺，才更會激起他對妳的好奇心和熱情。

5.**懂得撒嬌**。既然絕大多數男人都有點大男子主義，那就投其所好吧，滿足他們做大男人的願望。女人時不時的發點嗲撒點嬌，更突出了她的嬌媚和對男人的依賴。女人一發嗲，男人骨頭就要酥了，立場和原則也沒了，只剩下熊熊燃燒的匹夫之勇：要星星我給妳摘，要月亮我給妳撈。不過撒嬌也要注意控制頻率，太多了難免流於矯揉造作，讓人覺得不眞誠。

6.**輕聲細語，吐氣如蘭**。妖精肯定都有一副婉轉有磁性的嗓音，是斷不會怒目圓睜做河東獅子吼的。要善於利用女人的優勢去解決問題，而不是跟男人比力氣大，比嗓門高。

7.**浪漫香氛**。香水不僅僅是一種氣味，它還代表了每個人不同的風格品味。選擇一種適合妳的香氛可以放大妳的魅力。熱情友好的人可以選擇花香類淡香水，穩重大氣的人可以選擇比較傳統的樹脂香或草原牧野香，約會時選擇餘味繚繞的玫瑰花香或者具有

異國風情的東方調。玫瑰香有一種童話般的甜蜜氣息，它會挑動人的神經，讓人產生一種浪漫欣喜的感覺。

8.話不投機，全身而退。妖精也會看走眼，但妖精絕不會拼著散盡千百年道行把自己陷進爛泥塘裡。如果對方不適合妳，或者妳在他那裡永遠得不到妳想要的東西，就別再耗費彼此的時間和感情了，優雅的說再見吧。妖精女人必要時會裝傻，但心裡絕對明鏡一般，妳見過笨笨傻傻整天做著賠本生意的妖精嗎？

妖精不可以太單純，也不可以太複雜，太單純了不瞭解男人，不懂得與男人周旋的技巧，而太複雜了就失去妖精的可愛，成了老妖婆。妖精的愛也要清澈唯一，我們的目的是俘獲值得愛的那個男人，而不是成爲害人精。

以上這些可能不會對妳釣男人發揮最直接的作用，但可以幫助妳修煉自己，成爲一根精緻堅韌的魚竿，即使有天妳已經收魚入簍不再需要釣魚的時候，自己還可以是根進可攻退可守、品質卓越、惹人豔羨的竿子。

小麥，二十八歲，旅遊開發

小麥的職業很讓人羨慕，就職於一家規模很大的旅遊公司，她的工作就是每年考察開發一些新的旅遊線路，瞭解當地的風情，聯絡酒店賓館，熟悉交通天氣狀況。去年她奉命去了內蒙的額濟那旗。「額濟那」是古西夏黨項族語，意為「黑水」，在今天甘肅、內蒙和蒙古國的交界處，地處偏僻，不通飛機和火車，去各個景點只能包車。經朋友介紹，她找了個旅遊達人給她當嚮導。臨行前幾天，兩人約在咖啡店互相熟悉，並清點物資商討行程。後來小麥回想起那天的相見，依然陶醉不已：「在我的印象裡，像他這樣喜歡徒步旅遊的人，都是蓬頭垢面不修邊幅的，我以為他會穿著滿是口袋的肥褲子、背著髒髒的行囊出現。那天我進店裡看到他的時候，他整個人都出乎我意外的陽光，很整潔的休閒裝，曬得黝黑泛著光亮的皮膚，甚至，我聞到了他身上散發出來的香水味，是一種很淡的森林氣息，讓人覺得舒服極了。見到他的第一面，我曾經的忐忑不安都沒有了，一個這麼健康的男人，一個懂得用香水的清爽男人，會是一個細心穩妥的嚮導，也會是一個值得信賴的旅伴。」事實證明小麥沒有看錯人，他們兩個人一起領略了壯美的沙漠戈壁，回來時兩人已經成了很好的朋友。

誘餌需噴香

釣魚不能沒有魚鉤，假如沒有魚鉤，即使那條魚自己拼了命的想要上鉤也咬不住什麼東西。釣男人也是，妳得給他一點理由和動力去上鉤；已經上鉤的，妳得牢牢把握住不讓他脫鉤。釣魚的鉤我們都見過，釣男人的鉤又是什麼呢？是男女交往中的一些小技巧，讓他們痛並快樂著，欲罷不能，妳想要的男人就會留在妳身邊。

1. 讓他精神放鬆

男人都願意留在讓他輕鬆自在的人身邊，人會本能的逃避一些痛苦壓抑的東西。他快樂時妳和他一起分享，即使很誇張的把他吹捧到天上去也沒關係，他會因爲妳的讚譽而更加親近妳。不要像個老學究一樣雞蛋裡挑骨頭，告訴他如果怎樣怎樣可以做得更好，男人不需要女人去指導他。妳也不必擔心他會脫離現實，男人心裡有一把秤，知道自己的斤兩，不會因爲妳誇他天下第一，他就眞的以爲自己天下無敵，他要的，只是妳的肯定和崇拜而已。他苦悶時妳要聽他傾訴，安靜的做一個好聽眾，不要嫌他小題大作神經太敏感，不要跟他講男兒當自強，不要跟他講那些幼稚的勵志故事，這些他懂得比妳多，他在外面裝堅強裝了很久，已經很累了，不要逼著他在妳面前再戴回那副面具。

他痛苦時妳要給他撫慰，不要埋怨他爲什麼會把事情搞成這個樣子。不要挖苦他「原來你也就這點兒本事」，不要對他說「男兒有淚不輕彈」，妳要抱著他的肩或者握著他的手，讓他在妳身邊感覺溫暖和安全，告訴他妳能理解他的感受，幫助他找到合適的管道發洩情緒。同時，絕不要向第三個人暴露他的脆弱。他在妳面前卸下防備以眞實的面目出現，是因爲他相信妳依賴妳，不要讓妳的多舌毀了他對妳難得的信任。

2.讓他嘗到一點甜頭

男人對家的理解都是大同小異的：一個美麗溫柔的妻子，會做清爽可口的飯菜，把屋子收拾得乾淨整齊，把父母哄得開開心心，回到家迎上來的是盼望的笑臉，夜裡與他一起共同纏綿。若要取之，必先予之，妳如果想得到一個男人的心和他對妳的承諾，得先讓他嘗到一點甜頭，對妳產生嚮往。妳可以用一兩道拿手菜栓住他的胃，偶爾幫他整理一下房間洗洗衣服襪子，偶爾在他刷牙前幫他擠好牙膏，在他伏案時遞上一杯清茶……妳做的這些會讓他心裡生出一點感動，忍不住幻想如果把妳娶回家會是什麼情形。但是這些只能偶爾爲之，頻率千萬不要太高。男人是很容易麻木的，妳偶爾做，他會覺得新鮮、覺得感動，天天做，他很快就會養成習慣，把妳所有的付出當成是妳分內

的事，假如不用結婚他就能享受到和婚後一樣的待遇，妳覺得他會急著娶妳過門嗎？

3. 擺平他的父母

有一個事半功倍的辦法，就是安撫好他的父母，尤其是母親。男人都是孝子，只要妳得到了他父母的認可，他必然會認真考慮你們的事情，把婚期提上日程也就指日可待了。

第三節 子非魚，亦要知魚之樂

姜尙立鉤釣渭水之魚，不用香餌之食，離水面三尺，尙自言曰：「負命者上鉤來！」這是姜子牙別具一格的釣魚方式：直鉤、無餌、懸於水面之上，後世謂之「姜太公釣魚，願者上鉤」。他要釣的不是魚，而是周文王姬昌，釣的是千秋功業和傳世美名。他與魚或者說與周文王的交流，是超越了物質的一種精神層面交流，是所謂的無招勝有招，奇特的釣魚方式就是姜子牙給周文王下的餌料了。

我們釣魚當然不能像他這樣了，柏拉圖之戀確實存在，但是能在現實生活裡存活多久我就沒把握了。妳我都食人間煙火，有正常的七情六欲，也就不用在這個問題上裝高雅了。沒有魚餌，哪條魚兒會上鉤呢？沒有他喜歡的特質，哪個男人會留意並靠近妳呢？

知己知彼，方能百戰百勝。雖然說找不到完全相同的兩片葉子，天下也沒有完全相同的兩個男人，但身為同樣的物種，他們還是有很多大致相同的共通性，所以要下餌，就得先摸清男人的腸胃，看看他貪食什麼樣的誘惑。

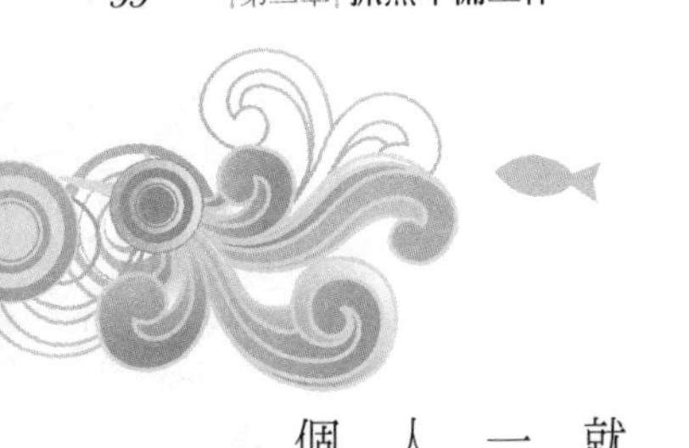

好色。這是男人最遭詬病的一個特性，身為下半身動物，他們有時候確實會被衝動主宰了理智。如果說男人的承諾不可信，那麼男人在床上的承諾尤其不可信。究其根本，或許與男人的生物性有關。雄性為了把自己的基因遺傳下去，就必須追逐衆多的雌性，才能散葉開花。雖然現在法律規定了一夫一妻的唯一合法模式，大部分男人是有色心沒色膽，但誰能阻止他們對於一個茶壺配N個茶杯的津津樂道，和三宮六院的意淫樂趣呢？

在男人的聚會場合中，女人是永遠的話題，而且相較於平日的文質彬彬道貌岸然，這些話題會很深入，甚至讓妳覺得低俗。可是他們卻可以藉由這種口頭上的放肆得到精神上的發洩和放鬆，緩解工作和生活中的壓力。

公共場合經常可以見到這樣的場景：男人對迎面而來的美女行注目禮，身側的女伴就對他怒目而視，或者擰胳膊掐肉。其實大可不必，男人喜歡看很多漂亮女人，會欣賞一些精品女人，會愛上幾個在適當時間裡出現的女人，但最終娶回家的只能是一個。男人也是很精明的，他也會挑選於他而言最合適的那個伴侶，難道妳認為他會幼稚到讓一個擦肩而過的花瓶寶貝影響到你們的感情嗎？所以，只要妳對彼此的感情有自信，他愛看美女就讓他看吧，妳可以跟著一起看、一起品頭論足，間或吃點小醋調劑一下。再狠一點，妳可以在一起出門時把自己打扮得或花枝招展，或清新靚麗，或嫻靜高雅，等妳被其他男人的眼光所包圍時，著急的就該是妳身邊的男人了，這個時候，他還會有閒暇去看美女嗎？

孩子氣。是的，我說的是孩子氣而非幼稚。一個已近而立之年，甚至到不惑、知天命的年紀，如果其行爲思想仍然很幼稚不成熟，那妳最好遠離他，如果妳不是母愛氾濫想照顧他一輩子的話。而一個偶爾孩子氣的男人，只要妳懂得欣賞，會是很可愛的。男人在骨子裡都是孩子，不管他活到多大年紀，不管他有多高的地位多少的財富，不管他看起來是多麼的成熟沉穩，他的心裡都會有孩子頑皮、天眞、依賴的一面，而這一面，只會對他覺得可以信賴、可以放鬆、可以嬉鬧的人展現。如果妳有幸見到男人的這一面，不要覺得他怎麼還沒長大，這正是他對妳卸下心防的表現。

他喜歡賴在妳懷裡撒嬌嗎？他喜歡妳叫他「熊熊」、「寶寶」等肉麻的稱呼嗎？他會偶爾用膩死人的聲調跟妳講話嗎？在妳生氣的時候，他會睜大無辜的眼睛看著妳嗎？

面對孩子氣的他，妳也暫時放下一切，陪他一起瘋好了。

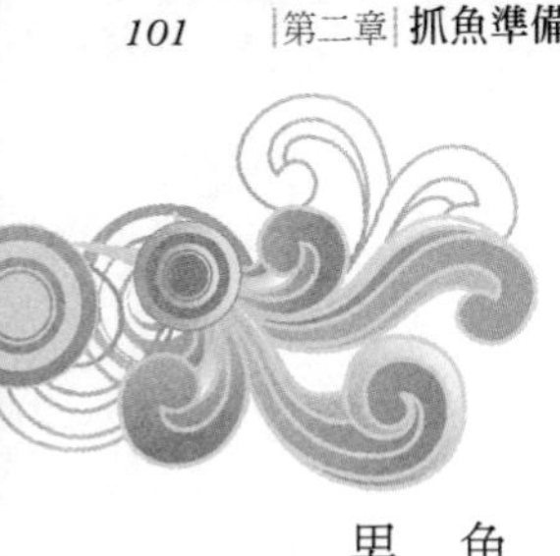

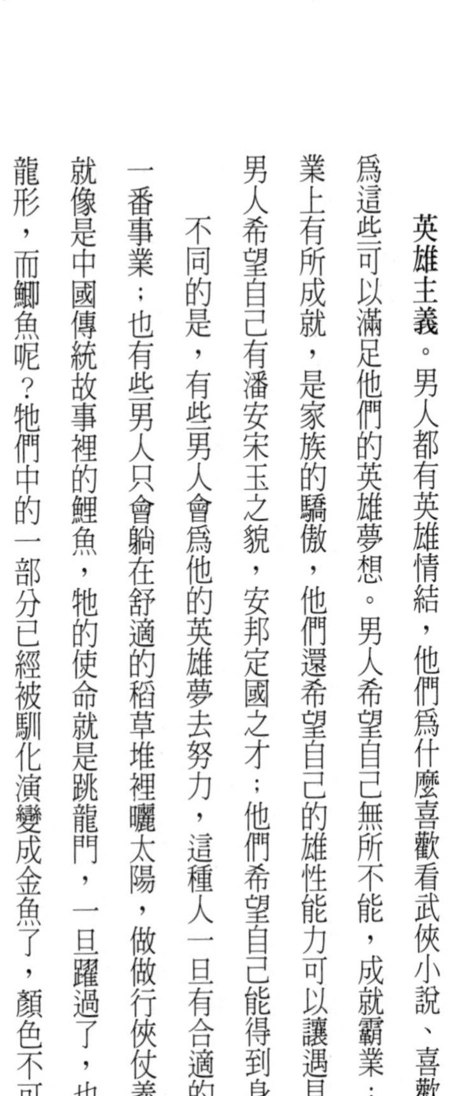

英雄主義。男人都有英雄情結，他們爲什麼喜歡看武俠小說、喜歡玩電子遊戲？因爲這些可以滿足他們的英雄夢想。男人希望自己無所不能，成就霸業；他們希望自己事業上有所成就，是家族的驕傲，他們還希望自己的雄性能力可以讓遇見的女人都臣服。男人希望自己有潘安宋玉之貌，安邦定國之才；他們希望自己能得到身邊人的肯定。

不同的是，有些男人會爲他的英雄夢去努力，這種人一旦有合適的機遇自然會成就一番事業；也有些男人只會躺在舒適的稻草堆裡曬太陽，做做行俠仗義受人尊崇的夢。就像是中國傳統故事裡的鯉魚，牠的使命就是跳龍門，一旦躍過了，也就金光加身修爲龍形，而鯽魚呢？牠們中的一部分已經被馴化演變成金魚了，顏色不可以說不豔麗，身姿不可以說不婀娜，可一輩子也就只能在魚缸裡晃悠了。這種金魚樣的男人，妳守著他過安穩平和的生活還好，若還有更高期望，勸妳還是別夢想了吧！

不論是電視電影還是小說裡，總少不了英雄救美的橋段。在心愛的女人面前，男人會盡力表現自己雄性的一面。自然界裡大部分雄性是要比雌性美麗的，魚也是這樣。雄魚一般有比雌性更鮮豔的色彩，更長更飄逸的尾鰭和背鰭。但是對人類而言，尤其是對男人而言，外貌並不是證明他優秀的主要因素，只能說他先天不錯。而如今社會競爭激烈，對後天的要求更高，譬如學識，譬如ＥＱ，譬如手段。很多男人樂意在女人面前展現他的肌肉、他的淵博、他的關係網、他的財富，甚至他的女人緣，就像是一尾華麗的雄魚在雌魚面前跳搖擺的求偶舞蹈。

要滿足身邊男人的英雄情結其實也很簡單，甚至可以說是很懶惰。女人在男人面前大可不必表現得很強悍，小鳥依人便會收到應有的效果。在他擅長的領域裡讚揚他會是百試不爽的無敵馬屁哦，讓他幫妳的電腦殺殺毒、更新一下系統，讓他幫妳搬運點重物，讓他幫妳去挑選電子產品，讓他教妳游泳、滑雪、打球……主旨就是妳不會做的就讓他來做，妳會做的也要裝做不會，還是讓他來做！然後以崇拜的眼光看著他，體貼的幫他擦擦汗、揉揉胳膊，用嗲得掉牙的聲音說：「哇，你好厲害哦！」「你懂的東西好多哦！」「你眞是體育健將呢！」可以盡情發揮讓他美得冒泡兒。這樣就充分激發了他的積極性，他會覺得跟妳在一起好開心、好舒服、好有滿足感啊！

但是！這個但是也很關鍵，凡事一定要把握好尺度，不要讓他覺得妳像個小白癡什麼都不懂，或者像個小懶蟲什麼都不做哦。讚揚他們的目的是滿足他們的心理需要，順便小小的表達一下自己的仰慕之情，而不是貶低醜化自己。

大男子主義。大男子主義和英雄主義是有些區別的。大男子主義是男人對自己性別的一種認同，這種認同給他們自己帶來一定的優越感和尊崇感，認爲男人生來比女人聰明強大，扮演更重要的角色，擁有更高的地位。

大男子主義壞的一面是男尊女卑的思想，歧視女人的能力和地位，這類人通常還都有很強烈的傳宗接代觀念，在一些很傳統的老人家心裡，生兒子傳繼香火依然是件很重要的事情。女人嫁到這樣的家庭，就被迫失去了自我，被淹沒在冗雜的大家庭關係和家務活裡。生了兒子就母憑子貴，生了女兒就老公不疼婆婆不愛，覺得是妳斷送了他們家的血脈。儘管現代人都知道生男生女決定於男人的精子，跟女人半毛錢關係都沒有。妳當然可以抗爭，但在這樣的家庭裡，妳的力量是很渺小的，在這樣的家庭裡長大的男人，通常也不會站在妳的位置上爲妳設身處地的考慮，除非妳很有手段很有頭腦，並且有耐心跟他三十六計玩透透，才有可能改變妳在家庭裡的地位，否則不過是雞飛蛋打的徒勞。

大男子主義好的一面是他有努力向上的願望，認爲應該在社會中爭得一定的地位，認爲撐起一個家是他的責任，應該照顧自己的女人和孩子，讓他們有幸福感和安全感。

這好的一面表現得比較多的男人會讓女人過得輕鬆快樂，他會呵護自己愛的女人，享受她的撒嬌，忍受她的小脾氣，不會動手打女人，不會試圖在金錢上倚賴女人，會努力工作來給家庭創造更好的生活條件。他會藉由事業的成功和女人的讚美來找到自己人生的位置。

脆弱。不要以爲脆弱只是用來形容女人的，男人有時候眞的比妳想像得要脆弱，無論是從生理上還是心理上。男人的死亡率比女人高，平均壽命比女人短，惡性病發病率比女人高。女人遇事可以傾訴可以哭泣，淚水可以換得更多的寬容和同情，但對男人而言卻非如此，因爲他們從小就被教導「男兒有淚不輕彈」，他們從小就被教導男孩子要堅強要勇敢要做生活的強者，男人發洩負面情緒的管道明顯少於女人。當這些不良情緒不能及時疏導，他們就會吸煙、喝酒、飆車甚至性放縱，盲目的栽進他認爲可以讓自己麻痹、舒緩或者重新找回自我的方法裡去。

凡事滿則溢，男人是人而不是神，更何況神仙還有動怒的、思凡的、吃醋的呢！當負面情緒累積到一定程度，就需要找個出口。曾經有個男性朋友，聚會時喝多了酒，在ＫＴＶ裡瘋狂的吼那首〈妳的眼睛背叛了妳的心〉，跟我們痛訴他和女朋友分手了，說

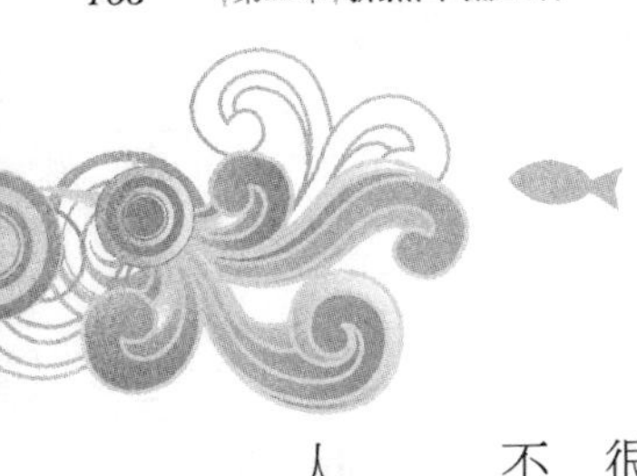

到後來甚至嚎啕大哭。我們很少在公共場合見到男人用這種方式來表達悲傷，他們一般是隱忍的，不願意讓人看到脆弱的一面，他們希望留給別人的印象是堅韌不拔、無所不能的。

女人性格柔且韌，男人性格剛但是脆，顯然脆的東西在重壓或者打擊下更容易破碎。男人如磐石，女人如水，磐石再堅硬也會水滴石穿；男人如魚，女人便可以是大海，以骨子裡的母性胸懷去包容他撫慰他。當身邊的男人脆弱時，妳不妨表現得堅強一點，溫柔的抱抱他，撫摸他的頭或者拍拍他的肩膀，讓他感覺到妳這裡是可靠的、安全的、可以放鬆的。

熱愛自由。男人的身體裡都流淌著自由奔放的血液，男人對於自由的渴望，是女人不能完全瞭解的，正如男人不瞭解女人爲什麼那麼愛浪漫。男人都幻想著一生走過很多很多的地方，發生很多很多的故事，經歷很多的女人，然後萬花叢中過，片葉不沾身。不是因爲他們薄情，而是因爲太愛自由，所以害怕被約束，害怕被牽絆。

男人需要一個屬於自己的空間去營造他的夢想、享受他的愛好、舔舐他的傷口。男人需要很多的朋友，可以在一起喝酒泡妞聊天看球，這是他們放鬆的方式。在男人的世界裡，他的女人和朋友扮演著完全不同的角色，互相補充，不可取代，無所謂哪個更重要。所以坊間才會流傳有趣的俏皮話：「朋友如手足，女人如衣服；朋友如蜈蚣的手足，女人如冬天的衣服。」

現在很多男人選擇晚婚或者只戀愛不結婚，泰半是因爲怕婚姻會讓他們失去自由，讓他們失去屬於自己的空間。

愛說謊。男人是這個世界上最偉大的謊言家。從相識最初的「妳讓我怦然心動」、「妳就是我一直在苦苦尋找的那個人」，到熱戀中的「相信我，我會一輩子對妳好」、「我會努力工作，給妳買大房子，買漂亮的衣服」，到結婚誓言中的「無論生病或健康，貧窮或富有，都會不離不棄，直到死亡將我們分開」，再到出軌時的追悔莫及「我當時喝醉了，根本不知道發生什麼」、「我只是一時衝動，跟她一點感情都沒有」……

爲了炫耀自己的能力，爲了保護自己的空間，爲了讓妳覺得沒有挑錯男人，爲了給平淡的婚姻增添希望和亮色，爲了掩飾自己的過錯，男人用一個接一個的謊言把自己包裹起來。有些謊言用心良苦，有些謊言無傷大雅，有些謊言則是不可原諒，身爲女人，要學會分辨他的眞假，學會瞭解他謊言背後的心。

害怕負責任。女人的擇偶觀裡總有一成不變的一條，就是「有責任感」。男人心底的大男子主義也讓他們從小就知道身為一個男人是要為自己的言行、為自己的家庭負責的。但是經常有些男人戀愛談了好幾年還是拖著不肯結婚，有些男人結婚好幾年了還是拖著不肯生孩子。大多數情況下，男人的這個反應並不說明他不愛對方，也不說明他真的就這麼厭惡一個新生命，他們只是——害怕負責任，他們擔心自己沒有足夠的能力和物質基礎來應付這一切，怕自己不能給心愛的女人一個安樂窩，怕自己不能給親愛的寶貝一個良好的成長環境，怕自己承擔不起做個好丈夫、好爸爸的責任，於是他們蒙起眼睛，選擇逃避，幻想著有一天自己突然變得很強大，那時候就一切都不在話下。

他愛什麼餌

知道了男人這條魚的生活習性，妳還需要知道的是——他最喜歡往哪個窩裡去，貪食哪份餌，否則豈能讓他願者上鉤呢？

1.美麗的女人

不要責怪男人是視覺動物，女人看見帥哥的時候也會覺得比較賞心悅目嘛。人類透

過視覺系統獲得的信息量，占人類感覺系統所能得到信息量的八〇%，遠遠超過了聽覺系統、嗅覺系統等的總和。對於異性的選擇標準，是人類在漫長進化史上存留下來的一種本能。遠古時的擇偶觀，就是男人會選擇五官端正、身材豐腴、「腰臀比」較大的；女人會選擇高大威猛、孔武有力的，這樣有利於給後代提供更優秀的遺傳基因，有利於人類的繁衍生息。囉嗦著說這些沒別的意思，就是提醒妳明白：男人愛美女，這是天生的。

2.溫柔的女人

雖然說蘿蔔白菜各有所愛，一百株花有一百種美麗，但溫柔永遠是女人應該保留的優勢之一。婚姻無論對男人女人來說都意味著一個溫暖的家，意味著安定和放鬆，戀愛時妳當然可以刁蠻任性耍小脾氣，那個男人也會盡可能的滿足妳有理無理的小要求，微笑著看妳自說自話。而一旦結成家庭，兩人過起了日子，妳就得儘量讓自己入得廚房出得廳堂，再拿刁蠻任性當家常便飯，可就別埋怨男人會拉著苦瓜臉暗地裡嘀咕了。

3.勤勞的女人

男主外女主內也是人類在漫長的實踐裡摸索到的、有實際操作價值的合作模式。也

許會有女權主義者跳出來說我宣揚落後思想，其實呢？大家想想，女權鬥爭到今天，女性的社會地位確實提高了，女性有了人身自由，有了受教育權、工作權等等，這是進步的地方。可是女權再鬥爭，也不能把女性從家庭剝離出去，從這一點來說，鬥爭的結果是：以前的女性只需要經營好家庭就夠了，現在的女性則需要內外兼顧，才稱得上是一個好女人，一個成功的女人。一個穿著邋遢的男人走在大街上，別人看到他會說：「這個男人眞可憐，他妻子一定不是個好妻子。」而一個穿著邋遢的女人走在大街上，別人看到她就會說：「她丈夫眞可憐，娶到如此不修邊幅的女人。」所以，女人啊女人，人們永遠是苛求妳的。

4.有趣的女人

妳會喜歡跟一個乏味沉悶的人永遠待在一起嗎？不喜歡吧。男人也不喜歡。趨利避害是生物的本能，同樣的，遠離痛苦和無聊也算是人的本能之一。我們都願意和風趣幽默的人在一起，暫時忘記工作的壓力，拋掉孤單和憂傷。快樂有一種神奇的療傷能力。一個只會嘮叨地沒擦衣服沒洗水電費該交孩子又闖禍了的女人，和一個妙語如珠、會製造小驚喜、會說很多笑話、甚至會用小點子來修理妳的女人，妳覺得男人會選擇哪一

個？

5.寬容的女人

人非聖賢，孰能無過？可女人偏偏就是小心眼外加記憶超群。男人五年前跟女網友說過「我喜歡妳」、四年前吵架指責妳不漂亮不溫柔沒有女人味、三年前妳生病了他沒有在醫院裡陪著、兩年前他跟朋友搓麻將夜不歸宿、一年前他偷偷存私房錢、前天妳被沙發絆倒他怪妳自己不小心……很多女人跟自己的戀人或老公吵架時，都會搬出很多陳年舊事來印證自己的觀點，於是男人被罵得啞口無言，惱羞成怒之餘還很驚訝：女人的腦子是什麼材料做的？簡直比電腦記得還準確。

女人之所以記憶力這麼好，往往是因爲她在乎這個男人，這些記憶就越深刻，而且女人是發散性思維，平時也許還不記得，可一旦頭腦發熱口不擇言時，就把有關的無關的都揪了出來，把原本對事的爭論演變成對人的攻擊。可妳再提起這些有什麼用呢？想證明什麼呢？證明他曾經背叛過妳？證明他不關心妳？證明在他心裡朋友比妳重要？這些都不是妳想要的吧。那就試著把已經過去的不愉快徹底忘掉吧。如果妳總是記著他的過錯他的疏忽，時刻懷疑他的動機，那就成了草木皆兵，風聲鶴唳，妳感受不到快樂，

他也會被妳逼得走投無路。

6. 聰明的女人

一個聰明的女人，知道在什麼時間什麼場合該說什麼話辦什麼事，知道如何維護另一半的男性尊嚴，知道如何激發他們的鬥志。聰明的女人會協調好與男方父母的關係，會安頓好男人的狐朋狗友，會做好小家庭的近期遠期規劃。男人有出軌苗頭時，她不會死纏濫打去男人公司鬧，去找狐狸精火拼，她知道哪裡是自己老公的軟肋，知道如何把他拉回自己身邊，前提是如果她還願意要他的話。總之，聰明的女人讓男人省心放心，替男人出謀劃策。

7. 懂風情的女人

提起風情二字，腦海裡就出現了《新龍門客棧》裡的老闆娘金香玉，想起了電影《青蛇》中的小青，想起王家衛《花樣年華》裡永遠一襲旗袍的蘇麗珍。風情女人不見得有多漂亮，性感源於形，風情則源於神，是舉手投足左右顧盼間流露出來的誘惑，是蘊於內而流於外的熟女味道。懂風情的女人不是古板的衛道人士，她懂得享受性愛，懂得用男人喜歡的方式來取悅他，懂得如何強調自己的獨一無二。平淡的婚姻生活會讓妳越來越現實，會讓妳和他的感情趨於平淡，這時候就需要妳花點小心思吸引他的注意，時不時的甜蜜一下，千萬別在雲雨之時問自己男人這個月什麼時候發薪水、浴室的燈什麼時候修之類的傻事，他如果因此興味索然，那可是神仙都救不了妳。

8. 率眞的女人

很多男人都受不了女人跟他們耍心眼玩詭計，他不知道還好，一旦知道了，必然像吃了蒼蠅一樣難受。男人和女人有著不同的處世哲學和思維方式，本來他就不理解妳的想法，妳再遮遮掩掩非要讓他玩猜猜猜的遊戲，雖然妳很無辜的看著他，但是他怎麼知道妳之所以生氣是因爲他忘記了你們相識三百天的紀念呢？如果經常跟男人玩猜心遊戲，男人是消受不了的。一個率性眞實的女人，悲傷了她就哭，高興了就笑；想要玫瑰，就拉著男人進花店說：「買支玫瑰給我吧！」會提醒男人說：「寶貝，下週五是我生日，抽時間陪我吧！」這樣的交往讓男人少了很多顧忌，不用整天神經兮兮的看著她的臉猜著她的心。

梅子，二十七歲，韓語翻譯

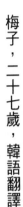

梅子和大凱是大學同學，也是校園戀情裡可以勝利堅持到最後的一對。畢業後在同一個城市找到工作安定下來，在雙方父母的資助下付了房子頭期款，每天辛勤工作，每月按時還貸款，日子過得安穩而平淡。後來大凱被公司安排到外地工作半年，就在這半年時間裡，年輕男人旺盛的生理需求得不到滿足，在一次喝醉的情況下和女同事酒後亂性了。清醒過來後，大凱也很後悔，和女同事達成協定，當做什麼都沒發生。可是梅子偶然間知道了這件事，覺得天一下子崩塌了，什麼愛呀信任呀都不值一提。兩個人一直平靜發展的關係受到了前所未有的衝擊。雖然在朋友的勸解下梅子決定將婚姻繼續下去，畢竟大凱發生這種事有一定的客觀原因，但她心裡總是不能真正放下。大凱加倍的對梅子好，也換不回她的信任，她總是說話冷嘲熱諷，兩個人一天天都在痛苦和煎熬裡度過。

瞭解這些之後，妳應該知道誘人的魚餌該如何炮製了。儘量把自己的形象往他喜歡的類型靠近，不要求妳樣樣都做到最好，完美女人是不存在的，妳只需要適當的收斂起會把男人嚇跑的壞毛病，在他面前展現妳迷人的一面就好了。這期間妳要不斷的完善自己，而不是太刻意的改變自己。如果妳天生熱愛運動，卻要逼著自己寫毛筆字做女紅，如果妳生性爽朗，卻非要讓自己看起來像個梨花帶雨的小女人，最後或許偏偏會事與願違。江山易改，本性難移，妳再努力也不可能把自己變成想像的另外一個人。最重要的是找到你們的契合點，找到他看重而妳本身也具有的一些特點，把它發揚光大。對於一條饑餓的魚來講，還有什麼比給他量身訂做的大魚餌更有誘惑力呢？

第四節 選擇水域和時機

釣魚是個風雅事，講究「春釣灘，夏釣潭，秋釣陰，冬釣陽」，不同的魚在不同的時間會出現在不同的地點。男人和魚一樣都是秉性各異的生物，出現的場合自然也各有特點。

不同職業不同愛好的人都會有各自的社交圈子，而圈子在很大程度上決定了妳的愛情。日久生情愛上了同事，青梅竹馬終於瓜熟蒂落，師兄獲得師妹芳心，表姐嫁給了同學的哥哥……大多數的愛情故事其實就是這麼平實不浪漫，那些浪漫而刻骨銘心的開始，在現實裡往往是結局慘澹。人生苦短，能與我們相逢的人終究有限，更不要說相識相知了。雖然張愛玲說，這個世界上總有一個人是等著妳的，不管在什麼時候，不管在什麼地方，反正妳知道，總有這麼個人……但是人生再怎麼折騰也就這幾十年光景，即使那個人真的在，彼此也未必能夠遇上，即使妳夠幸運，於千萬人之中，於千萬年之間，在時間無涯的荒野裡，剛巧趕上了，也未必就是個皆大歡喜的結局，像這個聰慧敏感的女人所說——那也沒有別的話可說，惟有輕輕的問一聲：「哦，你也在這裡嗎？」

每個女孩剛開始都相信眞的有命中注定的那個人，都爲徐志摩那句「我將於茫茫人海中尋找我唯一之精神伴侶，得之我幸，不得我命」而感動、而傾倒，幻想著自己有天也能遇到那個上帝爲我們量身訂做的完美男人。徐大才子夠英俊夠有才夠深情，可林徽音還是嫁做了他人婦；即使林徽音嫁做了他人婦，金嶽霖也還是一輩子守候著她，守候著心裡的唯一。這幾個都是太透徹太卓越的人，但對於大部分普通人而言，上帝沒工夫爲我們提供量身訂做的業務，所以適合我們的，不是那唯一的一個，而是泛泛的一類人。

現在的婚戀指導文章，言必提鑽石王老五，還提煉出鑽石們的共同特點，如家世顯赫、家底豐厚、身居要職、相貌俊朗、氣質出衆、處事低調等等。問題是：妳眞的相信這樣的極品男人會出現在妳的身邊嗎？鑽石當然很好，人人都喜歡，每個女人都想擁有，但鑽石王老五實在是太稀少，不是我等灰姑娘、小白領，甚至小金領可以駕馭的，如上天眞安排了因緣際會，那妳就燒個高香感謝，否則還是把心稍微放踏實一點。凡是修煉到鑽石境地的男人，都已閱人無數，更懂得錙銖必較的精挑細選，除非妳身上有他特別看重的特質，不然再辛苦的裝淑女裝清純裝賢慧裝活潑裝精明裝神秘，都是收效甚

微的。而且鑽石們的社交圈多已形成，陌生的妳若無人帶領，很難打入上流場合。

當然，如果妳執拗的非鑽石不嫁，也用不著灰心喪氣，王子和灰姑娘的故事到現在也還在陸續上演，只是不知道上帝何時會慵懶的向妳微笑。美國影帝尼可拉斯·凱吉不是就娶了個小他二十多歲的韓裔女子嗎。這個男人在一家壽司店裡遇見這個年輕的女服務生，據說倆人一見鍾情。剛開始沒人看好這段感情，可如今人家兒子都滿地跑了，跌了不少人的眼鏡。

有些愛情無跡可尋，有些機會則可以人爲製造和爭取。譬如，廣州女子鄧文迪和傳媒大亨梅鐸的傳奇故事。鄧文迪一開始也就是個平常的、不算漂亮的女孩子，後來透過和一位五十多歲美國男人的婚姻拿到了綠卡，當然她也很努力，從加州州立大學畢業後，考進耶魯大學商學院攻讀ＭＢＡ學位。當她畢業打算去香港發展時，在飛機上遇到了至關重要的一個機會——她的身邊剛好坐著梅鐸新聞集團的一位董事。她抓住了這個機會，憑藉著耶魯大學商學院ＭＢＡ的學位，和精通英語、粵語、普通話的有利條件，得到了Star TV總部實習生的工作。鄧文迪的目光並沒有到此爲止，在公司的高級管理人員酒會上，原本級別不夠的她光彩照人的出現了，主動與在角落裡獨自喝酒的梅鐸搭訕，她的東方情調和敏捷的思維迅速獲得了梅鐸的好感。從那以後，她的身份就變成了梅鐸的隨行譯員，再然後就是牽手登堂入室了。就這樣，在僅僅三十一歲的年紀，鄧文迪依靠她驚人的聰明頭腦和超越常人的把握機會的本領，成爲世界上最大傳媒集團的女皇。

這充分印證了機會總是青睞有準備的人，但是鄧文迪的傳奇算是一個不可複製的成功案例，需要很多的巧合和很多的算計，對於平常人而言可行性不大。我們可以從中得到的總結就是：時刻瞪大了眼睛關注身邊的人和事，說不定哪一個就可以改變妳的人生；努力給自己增加籌碼，自己足夠優秀才能挑戰更加優秀的男人；對於一個目標明確的人來說，結果遠比過程重要。

關於水域

物以類聚，人以群分，妳要尋找的那條「魚」必然和他的同類一樣會出現在限定的區域裡。如果妳確定了自己喜歡什麼樣的魚，就去妳該去的水域尋找吧！

妳喜歡有理性、善於思考、善於學習的男人？那就去圖書館試試吧。愛看書的男人

通常知識面比較廣一點，比較斯文有見地。男人進圖書館，大部分是看專業書籍，沒辦法，男人就是目的性很強，他們也許在工作上遇到了難題需要解決，或者想要更大的發展空間，這樣的男人一般有明確的職業規劃，有自律能力，不會得過且過的混日子。還有些男人進圖書館純粹是爲了放鬆，視看書爲休閒的男人肯定是安靜文雅的，這種男人通常看起來就比較有書卷氣。看書比起抽煙賭博喝酒泡吧來，總算是個高雅點的愛好啦。不過一個男人如果看的是浪漫言情小說，譬如妳發現他居然在看瓊瑤阿姨的大作而且還津津有味，那妳可要小心了，這類男人內心軟弱怯懦，喜歡幻想，反映到工作生活上就是不切實際，逃避責任，遇到這種男人還是拐彎繞著走吧！

去健身中心是件一舉兩得的事情，一來鍛煉身體放鬆身心，二來健身中心尤其是高級會所之類，還會聚集一些成功人士。掐好時間點也很重要，晚上五、六點鐘下班後是最佳時段，而等中午用餐時間才來的，則多屬出道不久的上班族了。健身中心的男人身材不至於不堪入目，身體不會風一吹就倒，神經也不會太脆弱，因爲有調節和發洩的正當方式，不沉溺酒色，有一定的經濟基礎，生活較規律。重點是，單身的概率比較大。

另外，高爾夫球場和保齡球館也是結識異性的好地方。高爾夫一直被稱做貴族運動，要置辦一身比較專業的行頭得狠心花點銀子，不過捨不得孩子套不住狼嘛。玩高爾夫的男人多數都是有點地位和經濟基礎的，年紀通常不會太年輕，不像毛頭小夥子那麼衝動愛刺激，他們內斂沉穩，散發出一切盡在掌握的氣度。既然已不年輕，妳最該注意的就是關心一下他是否單身，千萬別糊里糊塗成了勾引人家老公的狐狸精。保齡球比起高爾夫來就平民化一些，吸引不少年輕人結伴而往。技術好不好不是關鍵，關鍵是妳要打扮得活力四射青春可人，這樣球技好的妳可以贏得滿堂彩和熱辣的追隨目光，球技不好的可以藉機找個帥哥幫妳提升一下。

一天二十四小時，我們有八個小時在工作，別忘了很多青年才俊也在工作啊，這也是不可浪費的資源。盛產優質王老五的行業有諮詢公司、網路公司、會計事務所、律師事務所、廣告公司、攝影師、記者、編輯、演員、運動員，這些人要麼因爲工作繁忙經常加班，而沒有時間談戀愛，要麼因爲接觸太多女人而麻木，要麼比較敏感清高容忍不了凡夫俗子，要麼是誘惑太多無從下手，要麼是生活單調遵守清規戒律，這些造成一個後果就是：這裡面優秀選手比較多，而且單身的也多。如果妳有幸就職於這些公司，或者跟這些行業有業務往來，一定不要手軟哦。

因爲人們所處圈子有限，辦公室戀情正如火如荼的上演，公司對於這種事情一般會表現出兩種態度：一是堅決反對，有數不清的公司在規章制度就明文規定不許發生辦公室戀情，否則其中一方必須離職；一是不聞不問任其自由發展，這種還算是比較人性化。持反對態度的公司當然有他們的理由，戀愛佔用精力，影響工作效率，損害公司利益，似乎禁之有理。但上有政策下有對策，三十六計裡有一計可是明修棧道暗渡陳倉呢，多少苦命小鴛鴦就過著八小時之內素不相識、八小時之外卿卿我我的戲劇生活。

很多公司都會舉辦年會和商務宴會，這可是一個吸引眼球、結識高層的好機會哦。如果妳的意中人也在出席名單之列，就抓緊機會把自己打扮得漂漂亮亮吧，練習好微笑和媚眼，準備幾套搭訕方案和討論話題，然後儀態萬方、裊裊婷婷的走近他，先用美麗的外表抓住他的眼睛，再用優雅風趣的談吐抓住他的心。不過魅力施展得差不多要及時撤退，給他留下想像和回味的空間，意猶未盡才是最高境界。

如果妳覺得一個男人有社會責任感和愛心很重要，那妳可以去社福單位、孤兒院做義工，在那裡，妳會認識比較理想化、懂溫情、肯付出的男人。這些男人是有一點完美主義傾向，希望這個社會老有所養少有所教居者有其屋，並且他們願意爲這個希望奉獻自己的一點力量。這樣的男人會很重視家庭和親情，即使受了誘惑也不會輕易背叛。不過妳得接受這樣的事實：會有人跟妳分享他的愛和關心。和一個大愛之人在一起，妳也必須具有點犧牲精神。

網上網下如雨後春筍一般冒出來的交友俱樂部、單身聯誼會也可以嘗試一下，能讓妳的交際面猛然變廣，即使遇不到眞命天子，遇到個說話投機的朋友還是不難的，遇到同行說不定還能拓展一下業務。很多人覺得這種熱鬧的場合適合生性外向活潑的人，其實靦腆羞澀的人也很適宜這種方式。如果妳面對兩個人的約會感到手足無措，如果妳害怕兩個人在一起找不到共同話題，如果妳擔心拒絕對方會很尷尬，那麼這種喧鬧的環境反而可以發揮一定的掩飾作用。而且在一大群熱情的人中間，羞澀的妳反而顯得另類、更加引人注意，說不定就會遇到喜歡妳這種類型的男人哦。

還有一個簡潔實用的招數，那就是相親。不要看到這兩個字就產生反彈情緒哦，我知道它聽起來那麼不浪漫，但是假如妳釣了好多天仍然沒釣到想要的魚，那麼去市面上看一下有沒有恰好待價而沽的，不也是一條捷徑嗎？妳遍尋不到的那個人，說不定就在妳親戚、朋友、同事的身邊，像妳找他一樣焦急的在找妳。相親一個最大的好處是雙方

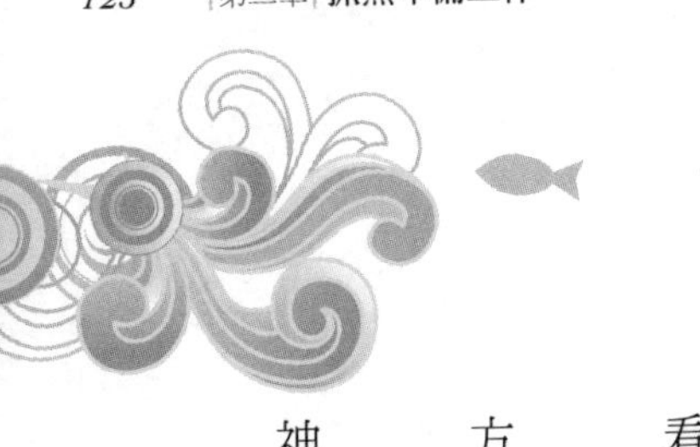

對於彼此的基本情況已經有了大概瞭解，見面之前就已經完成了一項篩選工作。第一次約會的地點需要好好挑選：光線要明亮，妳不想對坐兩個小時還沒看清對方的臉吧；適當的安靜，不要太嘈雜，會影響妳們聊天，也不要太安靜，絕對的安靜會增加人的緊張感，最好是有一點舒緩的音樂；交通便利，誰都不想把時間浪費在赴約的路上吧！綜合以上，初次約會最好約在公園、咖啡廳、精緻的料理店。

初次約會需要注意些什麼呢？

1.**不要遲到**。女方出於矜持，晚出現三五分鐘是可以理解的，但遲到太久會讓人覺得妳沒有時間觀念。男人更是如此，如果他初次約會就遲到十分鐘以上，並且沒有主動解釋或者沒有正當理由，那就直接把他PASS了吧。對了，PASS之前跟他對一下時間，看看你們是否生活在同一個時區。

2.**適當的打扮**。第一印象總是很重要的，可不要蓬頭垢面、衣冠不整的就出現在對方眼前。

3.**不要心不在焉**。他說話的時候，不管是不是妳喜歡的話題都要禮貌的聆聽，不要神遊四方，如果實在聽不下去，妳可以試著轉換話題。他講笑話的時候，即使妳聽過也不要半截打斷，即使不好笑也不要板著一張臉，這是基本的禮儀。

4.**找雙方熟悉的話題**。約會冷場是件很尷尬的事情，只有一方夸夸其談也不是理想的交談模式。要找出雙方都有得聊的話題，然後延伸到工作、生活，不著痕跡的瞭解對方的基本情況。

5.**帶錢包，並保證錢包裡有錢**。第一次約會付賬是男人的分內之事，妳不用打破頭的跟他爭這個權利。但是如果妳對他並不滿意，不想繼續交往下去，可以提議各付各的，這對男人也是個委婉的提醒。

關於時機

張愛玲說：「出名要趁早，來得太晚的話，快樂也不那麼痛快。」套在釣魚上就是——釣魚也要趁早，太晚了好魚被其他人釣走，自己就只有撿漏的份兒了。

男人的心理開始成熟，怎麼也得二十歲以後了。這個時候，他對自己已經有了比較全面的認知，對於未來有個大致的規劃，肩膀逐漸寬大能夠承受一定的壓力。事實上，這個年紀的男孩子，離開學校的，已經涉足社會，從事他感興趣的職業，爲以後的發

展奠定基礎；仍在繼續上學的，在學校裡已經開始顯露頭角，譬如對某一學科的特殊興趣、表現出強大的權力欲望或組織才能、機敏的口才或超人的思辨能力；有商業頭腦的，在學生時期也許就已經挖到了他人生的第一桶金。總之，這是英雄的醞釀時期，如果妳眼光獨到，能看到他的優點，是很有可能在豆蔻年華就抓到一支潛力股的。

但是抓到這些年輕的潛力股妳也需要承擔一定的風險：一是世事難料，雖然潛力股比其他人有更強的勢頭、更好的前景，但誰都不能保證潛力股必然成爲藍籌股，他必須能闖過中間的風雨挫折；二是太年輕的男人尚未定性，他的觀念、思想還在隨著時間和經歷不停的改變、完善，今天的他被妳吸引，明天也許還會被另外的女人吸引。妳得讓自己跟他共同進步，防範他的移情別戀和其他女人的挖牆角行爲。

三、四十歲的男人基本上已經定了型，他是否有出息是否能幹，這個時候若沒有展現，那就別指望他還會給妳來個大爆發了。所以選擇這個年齡的男人是保險的做法，因爲他的事業已經成熟，有著獨立生活能力，他不會如二十多歲的男人一樣東張西望，時時期望在感情中獲得新鮮。只是妳要知道，到了這個年紀的人，多半已經有著記憶深刻的感情過往，當妳選擇他的時候，就必須做好接納他過去的準備。不過可以慶幸的是，這個年紀的男人已經知道自己眞正要的是什麼，如果他選擇了妳，那妳可以相信自己絕對是他最適合的選擇，經歷了過去的感情挫折之後，他才更懂得如今的妳的珍貴。

其實眞正說起來，只要妳遇到了喜歡的人，只要男未婚女未嫁，任何時機都是好時機。

第三章 抓魚

第一節　願者上鉤

釣魚的精髓在哪裡？就在於和魚的周旋與鬥志鬥勇，到魚多的水域觀察目標，用魚最喜歡的誘餌勾引他，然後還得裝作漫不經心，風平浪靜的等他主動咬鉤。妳要是一腳踩進水裡，拼了蠻力抓一條魚，然後把牠掛在魚鉤上，這可就不屬於釣魚的範疇嘍，而且也失去了釣魚的情趣和樂趣。男女之間的過招與此相同，女人被動只是釣男人的姿態，不要真的高傲到把頭抬到天上去，也不要真的對男人的試探擺出一副完全不感興趣的樣子，妳的誘餌如果不對他的胃口，他可就扭頭上別人的鉤了。

釣魚要有釣魚的行頭，釣男人也要有釣男人的樣子，不打無準備之仗，才能從容應付各方神聖。什麼樣的女人有更大的機會釣到一個好男人呢？

1.懂得設定合適的標準

每個小女生在成長過程中都曾憧憬過會有一個英俊的王子騎著白馬來到她面前，但現實是王子大部分是爲公主準備的，所以當妳已經不再是做夢的小女孩，就不要繼續生活在夢裡。妳先要衡量自己的價值，然後對另一半設定一個比較具有可操作性的標準。

有些女人年紀已經不小了，卻還幼稚的相信會有一個非常優秀的男人出現，愛上平凡的她，一切不實際的虛榮和幻想都以愛的名義出現。問題是妳想想，一個非常優秀的男人，身邊自然也會聚集很多優秀的女人（物以類聚，人以群分，別問我爲什麼），那麼，他有什麼理由要愛上既不非凡漂亮，也不非凡聰明，學識能力膽略都一般，而且還希望依靠他得到幸福生活的妳呢？男人不是傻子，他希望得到女人的迷戀和崇拜，但不希望自己成爲別人謀求更好生活的跳板。

設定一個合適的標準，不要好高騖遠，會讓妳節省好多做夢的時間，用在更值得用心的人身上。

2.懂得自己的需要，冷靜理智

愛情是一場妳情我願的遊戲，在遊戲裡我們也經常會遇到不搭調的對手。一個妳不愛的人出現了，口口聲聲愛妳愛到發狂，願意保護照顧妳一輩子，人看起來也不錯，可處處都跟妳透著那麼點不和諧，妳愛吃芥末他愛吃蒜泥，妳愛聽鄉村音樂他愛聽搖滾，妳細緻講究他卻不拘小節……放棄他吧，怕以後再遇不到對自己這麼好的人，接受他吧，又心不甘情不願很多地方瞧不順眼。這種應該叫做女人的雞肋男人。女人是感性的，有很多人就心一軟嫁給了苦苦追求自己的人。而有些女人冷靜而理智，知道什麼是自己最需要的，知道分析利害得失，她們大膽的捨棄，堅定的堅持自我，最終握住了自己的幸福。

3.懂得把握機會

機會稍縱即逝，妳還猶豫的空檔，別人也許就已經藉著這個機會成功上位了。弱者等待機會，強者把握機會，智者創造機會，在工作事業上如此，在愛情上也如此。沒有人會無緣無故的愛上另一個人，在合適的時機讓對方看到妳的優點，提供他所需要的東西，抓住他的心，好過妳平日無目的的付出。女人都知道，情人節一束示愛的玫瑰，其分量大於他在不相干日子裡帶妳去吃的若干頓大餐。

小雅，二十七歲，學校心理諮商師

小雅暗戀凱很長時間了，凱是同校的英語老師，高大帥氣，溫文爾雅，父母都是大學教授，也算書香門第。凱有女朋友，大公司白領，漂亮精幹，只是她的西化作風和突出的個性讓凱的父母不很喜歡，不過她和凱感情一直很好，老人家也不好

多干涉。後來凱的女朋友爭取到國外培訓的機會，一走半年，然後傳回消息說在國外有了新的感情歸宿，要和凱分手。很重感情的凱一時受不了刺激，罹患憂鬱症，向學院請了病假在家修養。小雅得知消息後焦慮萬分，又覺得這好像是老天給自己的一個機會，考慮再三後，她買了花束和果籃登門探望凱。小雅的溫婉賢淑很得凱父母的歡心，又因為本身是心理學專業，懂得如何開導和撫慰凱，一來二去，凱在小雅的幫助下走出失意和痛苦，小雅也得到了他們一家人的認可。

女人對於男人的要求大同小異，不外乎英俊、風趣、成熟、負責、有能力、有經濟基礎；男人對女人的喜好雖然五花八門，有喜歡小巧玲瓏的，有喜歡珠圓玉潤的，有喜歡溫柔嫻靜的，有喜歡活潑爽朗的，但並不是完全沒有門路可尋，只要抓住男人的命門，就可兵不血刃的得手，讓他在自己都沒能察覺的情況下成爲妳的獵物。

1.時刻保持妳的精緻形象

再重申一下，男人是視覺動物，在他尚未對女人有深入瞭解之前，不可能對一個姿色平庸、穿衣邋遢的女人產生興趣。也許妳會說自己有內涵，但妳首先得適當展現妳的外在美，讓他的目光在妳身上多多停留，妳才可能有機會讓他瞭解到妳的內在美。我們

不知道到底在什麼時候、什麼地方會邂逅自己的眞命天子，所以要時刻都準備好，不要他出現在妳面前了，妳才懊悔爲什麼沒把自己好好打扮一下。

2.眞誠的稱讚他

得到異性的稱讚是一件很有面子的事情，會讓他心情愉悅，而且對妳產生一種英雄所見略同的親近感。稱讚一個人不需要很刻意，但一定要眞誠，千萬不要讓他誤會妳是在揶揄他，那就適得其反了。如果妳是眞心欣賞一個人，必然會發現他身上的優點，譬如他獨到的品味、他分析事物的犀利眼光、他把握機會的能力、他對朋友的肝膽相照等等。稱讚，會讓男人覺得自己受到尊重，感覺到自己的價值，沒有一個男人願意把自己壓抑在一個女人身邊過日子。

魔鬼示範：

「你眼光太準了！幸好是你提醒我工作時小心提防她，不然我肯定被她整慘了。」

「這件襯衫看起來很普通，但穿在你身上很有氣質呢。」

「你的這個朋友眞是不錯哦！只有講義氣的男人才能交到這麼好的朋友。」

「眞是很少見到對家人這麼關心的男人啊！」

3.和他一起拼搏

如果妳恰好是他的同事，或是他的合作夥伴，那麼和他一起為同一個目標而努力，一起開創一番事業是件快意的事情，這簡直相當於古代的俠女劍客攜手闖天涯啊。在一起奮鬥的過程中，你們有機會享受腦力的激盪，分擔風險和挫折，分享成功和喜悅，不知不覺中就建立了一種同甘苦共進退的牢固關係。很多知名的企業家身邊，不是嬌俏的小美女，而是當初與他一起開創事業的糟糠之妻，他們在艱苦的日子裡瞭解到彼此的價值，在眞實的拼搏裡鞏固了虛無的感情。

4.在男人失意的時候堅定的留在他身邊

沒有人能夠做常勝將軍，妳的男人當然也不例外，人在失意的時候最脆弱，這個時候的支持對他們而言是最重要的。如果妳看重他的潛力和能力，如果妳相信自己的眼光，就不要在他失敗的時候挖苦諷刺他，不要在他落魄的時候離開他，而要堅定的留在他身邊，對他說：「我相信你，你一定行的，我會一直在你身邊。」當全世界都遺棄他的時候，妳伸給他一隻溫暖的手，會讓他銘記在心，當他有朝一日東山再起，必不會辜負妳的一番心意。

5.偶爾邀約

得先有兩人共處的機會，才能更深的瞭解，在相處中擦出愛情的小火花啊。女人主動約一下男人也無妨，只是別太正式太刻意就好。

魔鬼示範：

「朋友送了我兩張電影票，其他人都在忙，你陪我去看吧。」

「過兩天我哥生日，想送他領帶又不知道挑什麼樣子的，你陪我去挑一下好嗎？」

「美術館這周有敦煌藝術展哦，上次聽說你也對這個感興趣，一起去吧！」

6.做他避風的港灣

男人很多時候是在假裝堅強，因爲要維護一個男人的形象他們就必須如此，但是他們有時候也需要放鬆一下，一個卸下堅強外殼的男人需要的是一個溫暖的懷抱、一雙傾聽的耳朵、一句貼心的話。

魔鬼示範：

「不開心就來找我吧，我陪你不醉不歸。」

「把所有委屈都說給我聽吧，放心，我喝醉了什麼都不記得的。」

「我知道自己不能幫你做什麼，但是你需要的時候，我會在你身邊。」

在戀愛的過程裡，表面上積極進攻的是男人，而實際主動權是在女人手裡。從一見面開始，男人就會從女人的眼神、行動、言語裡分析出這個女人是否有希望發展，女人如果對男人無意，大部分男人就會偃旗息鼓，畢竟在這樣一個快節奏的社會裡，大家時間都有限，不會浪費太多光陰在不可能的人身上。而女人如果對男人有意，自然會在男人的進攻過程裡給出回應，誘導他深入，在一次次的約會、交往中考驗這個男人是否值得託付終生。主動權雖然有，但女人一定不要太主動，太主動會嚇跑男人，也讓戀愛少了很多樂趣，就讓男人自以爲是的展現他的魅力吧，我們要做的，只是恰當的暗示和誘惑，將咬鉤的魚在水裡多溜兩次，才能讓他筋疲力盡，乖乖的入妳甕中。

1.含情脈脈的望著他

在聚會的人群裡，妳的目光柔柔的落在他身上，當他不經意與妳對視時，害羞的快速把目光挪開。如此反覆三四次，他必然會注意到妳。

2.在擁擠的地方，縮小與他的距離

當你們在比較擁擠的地方，妳可以故意拉開與別人的距離而靠向他身邊，他會知道相對於其他人而言，妳更信賴的是他。

3.不經意的身體接觸

說是不經意，其實當然是有意啦。妳和他一起漫步時，可以裝作不小心絆一下，藉著身體失衡之由抓住他的胳膊或手，然後再羞澀的拿開。這時候如果他對妳有意，多半就會順勢攙扶著妳，或者牽著妳的手走後面的路了。

4.羞澀的眼神

相對於赤裸裸的大膽表白而言，羞澀的神情更能打動男人。和微笑一樣，晚上有時間可以對著鏡子練習，最大衆的模式就是：微微側低著頭，眼睛輕輕往上斜三十度，嘴角上翹，瞄到對方後還要及時把目光收回來，不然妳一直這樣看，會讓對方誤會妳在挑逗他。

5.一點點性感

和他見面時，不止要打扮精緻，最好還有一點點的性感，男人總是會被這個吸引的。普通的場合下不需要太誇張，畢竟我們不是走紅毯，即使妳的身材好得像魔鬼，也

不要拼命把能露的地方都露出來（除非是在海邊），那會讓妳看起來不夠高雅，適當的一點點裸露或透視，就可以讓妳看起來性感又高貴。每個人最美麗的地方都不同，如果妳有漂亮的脖頸，可以用盤髮和閃亮項鏈來強調它；如果妳有漂亮的鎖骨，領口就要開到正好能露出它；如果妳的肩線靈巧又圓潤，小露香肩當然就是最好選擇，再加條長項鏈或者絲巾，就不會顯得突兀。

6. 甜美的聲音

一個大美女開口就是公鴨嗓，雖然妳不能否認她的美麗，但多少還是會打些折扣。聲音是能給人錦上添花的，也能傳遞說話人的情緒，美妙動聽的聲音會讓人產生親切感，廣播電台和電話銷售人員個個都有用聲音抓住人的本事，把這一招學到手也是相當實用的。

7. 向他請教些小問題

男人天生比女人對機械和電子類更加精通，妳可以讓他幫妳安裝小程式，更換小零件，修修簡單的電器什麼的，他會很樂意在妳面前殷勤一番。

8. 偶爾發發嗲撒撒嬌

這個並不適用於所有人群，長相甜美身材嬌小的女人用了更添可愛迷人，生性強悍膀粗腰圓的女人用了則有可能讓人退避三舍，渾身起雞皮疙瘩。另外一定要注意頻率，經常發嗲撒嬌那叫矯情，偶爾爲之才是眞情流露。

9.談話的藝術

這個適用於口才好、底蘊深、反應快的女人，說話到什麼份上能算藝術呢？就是妳一邊數落著他，他一邊還覺得妳說的話挺有意思，他也許不同意妳的觀點，但就是爲妳的思辨所折服，樂意跟妳聊。妳要是能把一個男人聊倒了聊暈了，即使妳不是他喜歡的類型，也會成爲他心裡比較特別的一個朋友。

10.讓朋友推波助瀾

要充分利用朋友在戀愛中能發揮的積極作用，所有妳不好意思說、不能當面對他說的話，都可以交待朋友。譬如，你們的關係總是朦朦朧朧停滯不前，就可以讓朋友從中做一個推力，當著你倆的面說：「你們什麼情況啊，都眉來眼去好幾個月了還沒看夠呢？乾脆你把她收了，抱回家慢慢看去。」或者趁妳不在時跟他說：「你到底喜不喜歡她啊？喜歡就抓緊點啊，最近可是有個小帥哥總追著她呢。咱都是朋友，可別怪我沒提

醒你，下手晚了你哭都沒地方哭！」如果這個男人眞的有心，哪能看不見這明晃晃的通行證呢。

第二節 一收一放，盡在掌握

釣魚不僅拼智慧，拼耐力，還拼策略。前期的工具準備和水域、時機、餌料的選擇靠智慧和經驗，守竿過程一定要有耐心，到了收鉤階段，就一定要講究策略。收得太急，魚會受驚拼命掙扎，脫鉤逃掉還算一般的，遇到大魚更還有可能拉斷妳的魚線，扯壞妳的魚竿，這可就是賠了夫人又折兵了。釣魚的人都知道，釣到小魚可以直接甩竿上岸，釣到大魚就得隨機應變深藏不露，不慌不忙的收幾下線，慢慢把魚拉近岸邊，一旦大魚掙扎，就再放鬆魚線讓牠游竄幾下，然後再收線，再放線，等魚兒精疲力盡無法掙扎了，就會乖乖束手就擒。感情方面也是這樣，妳追得越緊，對方就越不急著下結論，甚至還會退縮和逃避，只有耐心等待和周旋，才能抱得魚兒歸。

人性裡都有很賤的一面，已經到手的東西就不再覺得有多好，得不到的卻總記掛著念念不忘，就像小孩子總愛搶其他小朋友手裡的糖果，在他們看來，搶不到的那顆糖是最甜的。男人也是這樣，妳若是天天粘著他纏著他，他會漸漸覺得妳好麻煩，妳若是天天心甘情願的伺候他照顧他，他也就慢慢成了習慣，不覺得妳是因為愛他才這麼做，反

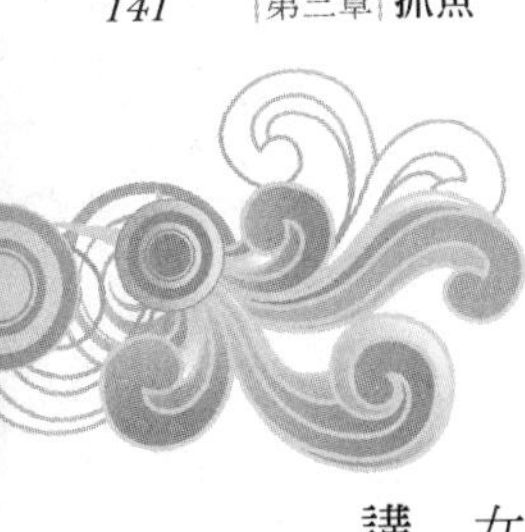

而會因爲妳偶爾的疏忽而責怪妳。戀愛過程中，保持適當的距離和神秘感是很重要的，距離遠了他會放大妳的優點來看，距離太近了他就會拿放大鏡找妳的缺點了。怎麼樣才算是從身體到心靈的合適距離呢？

線緊則放

釣魚的時候扯得太緊了，恐怕魚兒會受驚乃至受傷，傷了自己的獵物那就得不償失了。這個時候，要懂得輕輕的放線，讓魚兒得幾分喘息之機，放鬆牠的警惕，最終才能好好的把魚兒打撈上來。對男人也是一樣，妳若太過咄咄逼人，難免會惹他深思，如今她就管我管得這麼緊，結婚後還了得。這麼一想，恐怕多數男人都會打起退堂鼓，對妳退避三舍了。所以，要釣上那條滑不溜丟的大魚，就要懂得適時的放放線。

1. 不要太輕易就把自己的身體交給對方

本來情到濃時發生肌膚之親是很正常的事情，如今社會開放，很多抱著享樂態度的女人也不再覺得在性愛裡女人會吃虧，她們也會去主動消費男色。但是從男人的角度講，男人的佔有欲和獨霸欲是自始至終都存在的，他們也許會跟許多個女人上床，但最後娶的那個女人，他還是希望越純潔越好。而且性愛會讓男人女人的心理產生微妙的變化，男人為性而愛，他每天說著我愛妳，送玫瑰製造浪漫，目的很明確，不會只是牽牽手就滿足了，上床始終是他們的終極目的，一旦這一步完成了，他就會像是百米衝刺到終點一樣鬆懈下來。他成功完成了一個衝刺的循環，會暫時的失去目標，不會再像以前一樣費盡心思的討好妳。女人呢，她們為愛而性，必然是先從心理上接納，然後才會從身體上接納，當兩人的感情進行到性愛這一步時，再開放再獨立的女人也會產生一點歸屬感，覺得與這個男人融合了，從此就息息相關，建立起一種更親密的關係了。女人在經歷性愛之後會對這段感情更用心，而男人在之前之後的落差很容易讓女人覺得受傷，他對女人的感情也許並沒有變，但在態度上確實是懈怠了，這就讓女人很不適應。要想多享受一些公主待遇，就不要讓他太輕易的得到妳，這無所謂女人在婚前的性關係吃不吃虧，而是一場心理的博弈。

2.不要什麼事情都講給他聽

女人愛嘮叨，戀愛中的女人尤其愛嘮叨，被愛沖暈了頭腦的女人恨不能把自己小時候念哪所幼稚園都告訴對方。但是親愛的，男人是理性的，他們並不願意聽太多沒有實

際意義的嘮叨，不要整天跟他講「中午去吃了樓下速食，但是好像廚子換了耶，沒有以前好吃了。」「下班路上遇到老同學了哦，幾個月沒見胖了好多，原來是懷孕了。」「隔壁鄰居眞討厭，昨晚放音樂聲音好大，害我都沒有睡好。」不是說這些話題不能說，而是千萬不要不間斷、不停頓，尤其是還重複著說，如果妳的形象在妳的男人眼裡就剩下一張不停開合的嘴巴，他肯定會崩潰的。

那就說點男人感興趣的話題？這個也是要有選擇的，妳可以跟他聊聊釣魚，聊聊石油漲價，但是如果他問妳到底談過幾個男朋友，每一個的細節如何，開口之前一定要愼重啊。女人不會對男人的過去太感興趣，即使知道了也大多不會抓著不放，因爲更看重的是未來，而男人因爲那點獨佔欲望，對女人的過去可是看重得很。也許他會說：「我只是隨便問問，好奇嘛，不論妳和他有過什麼樣的故事我都不會在意的。」女人妳相信了嗎？這種話絕對不能相信哦，他既然特意問出來，就證明他肯定是在意的，男人的心眼小起來也是很誇張的。

那麼這種問題該如何回答呢？避而不答顯然不行，妳越是不說，他就越覺得其中有鬼，說不定就此鑽牛角尖。泛泛而談的「兩次，一次他愛我我不愛他，一次我愛他他不愛我」，聽起來就那麼底氣不足啊，妳以為妳的男人會滿足於這個沒任何實質內容的答案嗎？那標準答案是什麼呢？沒有標準答案。每個人經歷不同，不可能有一個完美的答案適合所有人，但就像應徵時一樣，妳可以提前準備好這個問題，把該隱蔽的隱蔽掉，然後假裝稍微思索一下，滴水不漏的完成這個考驗。

妳可以回答：「我想想……暗戀算嗎？高中時偷偷喜歡學校裡一個師兄，又高又帥，功課又特別好，是我們所有女生心中的偶像哦，後來聽說他出國深造了，應該是定居了吧。大學時候有過一個男朋友，就是很簡單的那種，晚上一起上自習，週末一起逛公園，但是畢業時沒能留在同一個城市，慢慢的就斷了聯繫。再然後……上一個男朋友妳知道的呀，平時裝得正人君子似的，後來被我發現居然玩一夜情，這種對感情如此不付責任的人我肯定不能跟他在一起的。那時候好傷心好失望啊，幸好老天讓我認識了你，不過你要保證不會像他那樣做出什麼對不起我的事哦，否則我就給你來個滿清十大酷刑……」

要記得的是，千萬要避重就輕，不要涉及太實質的東西，即使妳曾經是情場高手，也不要在他面前炫耀，把自己偽裝得越清純越無辜越好。而且，就算妳準備的答案再完

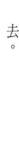

美，也不要圍著它談個不停，記得及時轉移話題，千萬不要沿著這個話題深入討論下去。

3.不要像監控器一樣想掌握他的行蹤

妳愛他，我們都知道，妳想時刻跟他在一起，我們也能理解，但這不能成爲妳要求他隨時向妳彙報的理由。每個人都有自己的社會屬性，他除了是妳的男友之外，還是他父母的兒子，是公司員工，是很多人的朋友，他每天有很多自己的事情要做，他需要跟不同的人打交道，不要總是想知道他在哪裡？和誰在一起？在做什麼呢？不要在他和朋友聚會時一個電話接一個電話的確認，人都是有逆反心理的，妳追得太緊，他就會想逃離，然後妳就再也不會有他的消息了。

4.給他足夠的空間

很多女人會抱怨：「如果他眞的是光明正大沒有事情瞞著我，爲什麼不能帶我一起去呢？」女人啊妳要明白，不是所有事情都要和妳一起經歷才更有趣，他需要時間和空間去維持男人之間的正常社交。男人有他們自己的圈子，小圈子聚會時會有不成文的小規定。純男人的聚會更放鬆，他們的話題也會更開放，甚至會讓女人感到低俗下流，但他們樂在其中，如果忽然加一個妳進去，氣氛就完全變了，他們變得拘謹，妳也不見得會自在。而且已經約定好不帶女伴的聚會，妳虎視眈眈的參加了，妳的男人可就要丟面子啦。讓男人在他的朋友面前失去尊嚴，可是件很嚴重的事情。

5.有自己的愛好和朋友

兩個人最好的關係，不是完全相同或者一方包含另一方，而是各自都有自己的圈子，兩個人的圈子有一定的交集。有自己的興趣愛好和朋友，妳就不會把所有的注意力都集中到他身上，他不會被妳的盯人戰術搞到緊張有壓力，而妳也不會因為他的冷落而失望，妳在他以外的世界裡依然可以找到滿足和快樂。

線鬆則收

釣魚的時候，如果線鬆了，魚兒就很容易掙脫魚餌溜了，所以妳得盯牢了看好了，一旦魚兒咬鉤，就得收線提竿，千萬不可讓牠跑了。對男人也是，需要牢牢看住的時候，就不要粗心大意讓他跑掉，一定要把線收得緊緊的。

要收線，女追男是其一的方法。雖然說最好要等到男人主動進攻，但如果妳的他就

是榆木腦袋不開竅，內向木訥開不了口，或者就是膩膩乎乎沒個主意，或者偏偏妳還就認定了他，怎麼辦？無限期的拖下去當然不是個好辦法，遇到這種男人，妳只好豁出去做個了斷，若成了也是段美好姻緣，妳還不用擔心他以後會花心搞外遇。若不幸把他嚇跑了，妳也就當快刀斬亂麻了，大好青春沒必要全浪費在一個不愛妳的人身上。

如果問一個問題：「妳是否會倒追一個男人？」十個女人估計有九個的答案都是否定的。原因有二，一是面子上過不去，二是怕男人會因爲來得太容易而不珍惜。面子到底有多重要呢？就看妳愛他有多深了。一個女性朋友曾經坐上飛機千里追情郎，在候機大廳裡發簡訊給我說：「人一輩子總要爲自己的愛情瘋狂一次。」沒錯呀，人生也就這麼短短幾十年而已，年輕的時候就更是短暫如白駒過隙，不要僅僅因爲面子問題而給自己留下遺憾。結果和過程都重要，都值得珍惜。至於男人珍惜不珍惜這段感情，沒發生之前誰都不知道結果。即使是男人自己費了九牛二虎之力才追上的，到最後又移情別戀的也多得是，沒必要因噎廢食。

貌似保守的中國社會其實是最有倒追傳統的，民間流傳的這些佳話：七仙女和董永、白素貞和許仙、祝英台和梁山伯、織女和牛郎，哪個不是女方追著趕著非要和男方

在一起的？就連閨閣小姐崔鶯鶯，也是對張生一見鍾情，書生來個月下隔牆吟詩，她就遣小丫頭紅娘從中穿針引線、自薦枕席。女人倒追，需要不凡的智慧和勇氣，更需要拿捏得當的分寸感，只要看準了追對了，何嘗不是一段千古佳話呢。

第三節 廣撒網

任何一個人都不是單獨存在的，他身處一個複雜的關係網中，這網裡的每一個人對他都會有著或大或小的影響。人情人情，人人都難以逃脫一個情字，愛情、親情、友情，這些是不矛盾的，可以相互支撐。在交往過程中，多多對他身邊的親人、朋友、同事做點感情投資是値得的，爲自己創造一個和諧的人緣基礎，營造一張牢固的人情網，關鍵時刻他們的一句話說不定就可以左右你們的未來。當妳撒下一張大大的魚網，那尾魚兒又豈能不乖乖的束手就擒呢。

如何對待他的家人

家人是他的社會關係中最重要的一環，他們有著割不斷的血脈傳承。如果單談愛情，男人可以只考慮自己的感受，如果談到婚姻，他就不能不考慮家人的意見了，畢竟愛情是兩個人的事，婚姻卻是兩個家庭的事。如果一段婚姻在一開始就不能得到他的家人，尤其是父母的首肯，即使勉強結合也會是一路跌跌絆絆，不被祝福的婚姻是不完美的。為了能夠讓妳的愛情有個皆大歡喜的結局，事先做好充分而細緻的鋪陳工作吧。

與他關係最親密的、對他影響最大的，莫過於他的父母，所以一定要把搞定他父母做爲至關重要的一環，絕對馬虎不得。俗話說見人說人話，見鬼說鬼話，應對不同類型的父母，也得採取不同的策略，才不至於白費心思。

應該用什麼樣的態度去面對對方父母呢？

首先是要尊重。畢竟人家是長輩，不論妳和他們之間在身份地位學識上有多大的差距，對於長輩的尊敬是一種禮貌和品德。尊重他們的思想（雖然可能比妳落後）、尊重他們的生活方式（雖然妳可能看不慣）、尊重他們的語言（雖然有些表達方式確實已經過時）。尊重從妳平時的一言一行裡都可以表現出來，如：

見面主動微笑著打招呼

稱呼上多用敬語

說話注意語氣措詞

主動敬茶倒水

進出主動幫他們開門

其次是要不卑不亢。不可否認，有些父母依仗著自己家財萬貫身份顯貴，就對剛上門的妳指手畫腳，或者即使他們本身很普通，也莫名其妙覺得高妳一等，處處對妳挑剔指點。對於這種父母，基本的禮貌還是要有的，但態度一定要不卑不亢，謙虛在面傲骨在心，該說的話一定要說出來，不要悶在肚子裡，免得妳自己忍出內傷來，人家還覺得自己有道理，還覺得妳不夠大方懂事。只是記得，妳再憤慨也要輕聲細語說文雅的話，千萬不要落什麼把柄在他們手裡，讓人家覺得妳確實沒教養。

魔鬼示範：

「我剛進公司沒多久，從最基礎的做起，薪水不會很高，以後當然會有改善的。不過聽伯母這麼說，您年輕時一定是個女強人吧。」

「我的個子站在××身邊確實矮了點兒，不過他說最喜歡這樣，滿足他當大男人的欲望。」

「伯母您說得沒錯，負責、專一、顧家是一個男人必須的，如果他連這個都做不到，當初我是不會選擇他的。」

「我從來沒考慮過要從這段感情裡得到什麼額外的東西，我愛的是他這個人。而且我們的生活能力都還不弱，不會伸手要您的家業的。」

再次要儘量親密。從男人的角度講，他當然希望自己的老媽和老婆能夠和平共處。既然以後打算成爲一家人一起生活，就要培養點親密的感情出來，不管是眞是假，起碼看起來其樂融融，而且很多事情是可以弄假成眞的，天天扮親密，心裡的距離也就拉近了，妳爲他們考慮對他們好，人心都是肉長的，他們自然也會投桃報李，拿妳當一家人看。

魔鬼示範：

週末家庭聚餐，給老人家幫廚，稱讚他們的廚藝。

去他家作客時緊挨著他的媽媽坐，談到輕鬆的話題可以摟摟她的肩膀。

幫他的父母削水果。

同仇敵愾，聊八卦家常時，他們痛恨的妳跟著踩，他們喜歡的妳跟著捧。

再開通的父母在面對兒子女朋友時都是挑剔的，因爲兒子是他們含辛茹苦這麼多年培養教育出來的，一點一滴都是他們的心血、是他們的驕傲。在父母的眼裡，他們的孩子都是最優秀的，而女朋友總是配不上他們的兒子。知道了這一點，在面對他的父母

時，妳就會有適當的心理準備，不會對他們的挑剔太過在意。另外，在不同親子關係類型的家庭中，妳應該注意什麼呢？

保護型。這類父母對孩子照顧、考慮得十分周全，擔心自己的微小疏忽給孩子帶來損傷。遇到這種父母，妳就準備好了把自己的出生地、家庭情況、學業情況、工作情況、交友情況通通回憶一遍吧，甚至他們連妳的感情經歷也不會放過。他們必須要對兒子的女朋友做深入的、細緻的瞭解，以確定這個女人是眞的喜歡我兒子嗎？她會不會有其他企圖？她的家庭有負擔嗎？她會照顧好我兒子嗎？她會移情別戀嗎？她的工作穩定嗎？會洗衣做飯嗎？有教養有禮貌嗎？有狐朋狗友嗎？……妳頭大了嗎？這還沒完呢，如果妳僥倖通過了第一關考察，妳還將接受第二關培訓，他們會告訴妳自己兒子喜歡穿什麼顏色什麼材質的衣服、穿什麼牌子什麼碼數的鞋子、吃什麼口味的飯菜等等，試圖把妳培養成一個合格的高級保姆。這個時候不要想著向妳的男朋友求救，他通常會沉默，或者告訴妳「他們也是爲我們著想」，妳只能自求多福了。妳可以略微敷衍，可以左耳朵進右耳朵出，但是一定要耐心，耐心，再耐心。

曉曉，二十四歲，人力資源助理

曉曉第一次去男朋友楊勇家的經歷簡直是一場惡夢。剛進門就發現客廳裡坐了滿滿一屋子人，他的父母，還有他的七大姑八大姨，曉曉當時還儘量往好處想，以為這可能是人家對自己的重視。結果吃完飯審問就開始了，他爸爸問：「妳是在公家單位還是私人企業啊？有沒有保險、退休金？」他媽媽問：「我家小勇腸胃不好，不能總吃外面的飯食，據說現在的女孩子都不怎麼會做飯，妳怎麼樣？」親戚也一個接一個的上陣，「我們小勇是個乖孩子呢，工作又好薪水又高，妳找到他真是好福氣。」「我們家小勇人很單純，沒有壞心眼兒，妳可不要欺騙他的感情啊。」……最後的結果就是曉曉強忍著脾氣、鐵青著臉接受完審問，出門就衝楊勇爆發了：「還真以為你是天上掉下來的禮物啊，我們在一起還不知道是誰的福氣呢！居然還怕我欺騙你，你有什麼可以讓我騙的啊？再說你又不是白癡，老大不小的人能隨便被我騙啊？我一青春美少女我還怕被你騙了呢！」

放任型。這類父母希望給孩子一個自由的空間，培養獨立自主的能力，不過多干涉。面對這種放手型的父母，妳倒是可以先喘口氣了，當然他們也會瞭解一下妳的基本

情況，這是父母考察未來兒媳婦不可或缺的一步。他們也許會從中發現一些問題或者一些不滿，但通常不會當面跟妳提，而是私下把自己的疑問和擔憂告訴兒子，也只是點到即止，他們會給出意見和建議，但最後決定權還是放給兒子。遇到這種未來公婆其實是女人的福氣，因為這是最容易平等相處、最接近朋友關係的一類人，你們的感情、你們對於未來的想法和安排、你們遇到的問題和困難，都可以開誠佈公的跟他們講。正常的交流和溝通就足以維持和他們的良好關係。但是也有一個弊病，就是這類父母和孩子都比較獨立，感情表現上也比較平淡，你們若有什麼困難需要幫助，父母如果覺得這已經不是自己的勢力範圍，有可能會袖手旁觀，讓你們自己解決。

李雲，二十八歲，秘書

李雲剛結婚的時候絕對以為自己是天底下最幸福的人，因為她的公公婆婆和善開明，在討論結婚的時候就說：「日子是你們兩個過，我們老了也不能陪他一輩子。只要年輕人情投意合就好，我們不會干涉的。」婚後小倆口在外租房住，倒也沒什麼問題，直到李雲的老公姜元由於一次疏忽簽錯了單，給公司造成比較大的損失，不僅做出賠償，還引咎辭職。斷了一個經濟來源的小家庭不久就感到窘困，單靠李雲的薪水很難應付房租和日常開銷，工作又不是隨時都可以找得到，於是李雲就和老公商量搬去和公婆一起住，可以減少開支，還可以順便照顧老人。姜元卻說他父母肯定不會同意的，他從畢業就一直是一個人獨立生活，父母也已經習慣了清靜的日子，家裡多了人會不舒服的。這是兩個人的第一次意見衝突。幸好姜元很快找了新工作，日子也就這樣過去了。後來李雲有了孩子，心想我們兩個人都上班，讓老人家幫忙帶孩子總是可以吧，好歹是他們的血脈呢。誰知姜元仍然反對，說老人那麼大年紀了，沒有義務幫咱們看孩子。李雲氣不過，就自己主動跟公婆商量，結果公婆也是互相推諉：「我們工作了一輩子，好不容易享幾年清閒，按說幫你們帶帶孩子也不壞，可是妳看我這裡經常要參加社區的活動，他爸前幾天還說要趁能走動出去旅遊一下，實在是不方便啊。你們年輕人的困難，就自己克服一下吧。」

支配型。這類父母有嚴重的操縱欲望，希望孩子能在自己制定的框架裡生活，從學習到工作到戀愛甚至到生子，都要在他們的意願下進行。這種家庭成長起來的孩子，要麼是隱忍不發逆來順受，要麼就是適得其反衝動叛逆。這種類型的父母在心裡早就規劃

好了未來兒媳婦的標準，甚至早就看好了誰家的姑娘，不過很顯然，他們兒子找的女朋友不會恰好就是他們希望中的樣子，於是他們就高舉起反對的大旗，苦口婆心的對自己兒子說父母這都是爲你好，她根本不會是一個好媳婦，你看你王阿姨家的女兒多好，名牌大學畢業，人在外商工作，跟咱家又知根知底，你只要點頭我們幫你撮合。對兒子帶回家的女朋友則冷眼相待，說你們哪裡哪裡不適合，長痛不如短痛，不要再互相耽擱下去了等等。面對這類父母，首先一定要堅定自己的信念，只要你們兩個是眞的相愛，眞的想在一起，法律都規定婚姻自由呢，沒有誰能把你們拆開。然後不妨設定一段緩衝期，投其所好，避其鋒芒，讓他們一點一點的接受妳。千萬不要怕拖時間，拖得越久他們就越會明白自己已經左右不了兒子的意願了，慢慢的態度也就不會那麼強硬。

米娜，二十七歲，會計

米娜在跟莫北見父母之前，就已經被嚴肅的警告：「妳要做好心理準備啊，我把我們的事情告訴我爸媽之後他們就一直反對，不過妳放心，他們再怎麼反對，我對妳都不會變的。帶妳回去問候他們只是個禮節。」雖然米娜做了充分的準備，但還是被莫北父母冰冷的眼神給凍住了，好不容易才緩過來。她開始主動跟他們搭訕，問他們平時的生活習慣，談莫北成長過程中的趣事，主動介紹自己的情況。後來的日子，米娜都頂著冷淡定期去看望莫北父母，送些他們愛吃的水果，親熱的跟他們聊家常。他們不搭話，米娜就自己一個人樂呵呵的說，說到他們都不好意思不開口為止；知道莫北的媽媽喜歡打麻將，她就經常拖著莫北四個人一起打，故意輸點小錢……這樣一直過了一年，莫北的爸爸媽媽終於舉白旗，認可了這個兒媳婦，莫北也感動於她的付出，兩人的感情更深了。

嬌縱型。這類父母對孩子溺愛放縱，不論對錯都會儘量順從孩子的意思。這種其實是最容易搞定的，因爲即使他們對妳再不滿意，只要他兒子堅持，他們也就心軟妥協了。所以面對這種父母，不妨把他們的兒子推到第一線，由他去處理清楚就好啦，妳嘛，就做做該做的姿態，擺擺樣子就好。如果想讓他的父母眞心接納妳，放心的把兒子交給妳，只需要再做兩點：一是要表現得比較成熟理智，讓他們放心妳會處理好生活和工作中的麻煩，因爲在這類父母心中，他們的兒子永遠是個小孩，如果妳再不懂事，那豈不是要他們擔心死了；二是要表現出對他們兒子的嬌寵和順從，千萬不要當面讓他們

兒子給妳端茶餵水，他們會心疼死的，恨不能把妳除之而後快。還需要注意的一點是，你們年輕人之間的問題不要向他們訴苦、找他們主持公道，因爲在他們心裡，自己兒子永遠是正確的，想在他們那裡獲得安慰不過是自討沒趣。

寒星，二十五歲，理財顧問

見家長的時候寒星總是打扮得乾脆俐落，因為仲飛的父母總是說看不慣那些穿細肩帶短裙、每天就知道塗指甲玩遊戲的小女生，「整天什麼都不懂，就知道吃喝玩樂，哪個父母放心讓寶貝兒子跟她們過一輩子啊！」寒星偶爾會對他們說說兩個人對生活的認識，對職業的規劃，也講一些工作中的趣事。吃飯的時候幫仲飛夾他喜歡吃的菜，買仲飛喜歡吃的零食，親昵的摸著仲飛的頭髮說：「我最喜歡看他吃霜淇淋了，狼吞虎嚥像個小孩子，可愛死了。」仲飛的父母看到她把仲飛照顧得這麼好，也放下心，到處跟人說自己找了個好媳婦。

在男女交往的過程裡，會見家長可以算是一個很重要的轉捩點，意味著你們的關係由兩個人的感情開始步入兩個家庭的生活，第一次見對方家長一定要嚴陣以待，如果這一關勝利闖過，對你們的關係會是一個極大的進程，可謂事半功倍。但如果在這個環節出了差錯，不能通過對方父母的審查，那對你們的關係將是一個很大的考驗，頂不住家庭壓力狼狽分手的例子不在少數，因爲無論對男人還是女人而言，父母都是唯一的、不可替換的，而伴侶不是，能豁得出身家性命仍堅持自己選擇的人，很少。既然第一次見面如此重要，那麼肯定有許多方面是需要注意的：

1.最好是男方先去拜會女方父母，這符合中國的傳統觀念，幾千年的民俗不是說改就改的，妳自己獻了殷勤，人家說不定私下還會嫌妳不懂禮節。先把男友帶回自己家給父母看看，聽聽父母的意見，他們畢竟比妳經了更多的人和事，相人上有自己的一套方法，越是挑剔就越容易發現隱藏的問題。如果妳的父母不是以經濟條件來衡量他，而是從人品、性格等理由阻止你們交往，妳一定要愼重再愼重的考慮，即使現在他對妳再好，你們再相愛，這些都有可能成爲以後生活中的暗礁。

2.去男方家一定要注意衣著打扮，不是要妳很華麗的盛裝出席，而是要儘量符合他父母的審美觀。最起碼的前提是要大方、端莊、清爽，在男友面前妳火辣一點性感一點清涼一點都沒有問題，但沒有哪個當父母的願意自己兒子娶一個所謂的「狐媚女」。另

外，如果對方是公教家庭，他們對人的要求更嚴謹一些，妳不要穿著細肩帶、涼鞋就過去；如果對方是經商的，他們可能更喜歡精明俐落的女孩子，妳就不要穿些粉啊花啊的扮純潔；如果對方家實力雄厚，妳就挑件壓得住場的經典款加畫龍點睛的飾品，千萬別隨便穿件地攤T恤或者假名牌過去，如果對方家底單薄，妳也就儘量簡單樸實一些，不要給人家造成什麼壓力。總之，就是遵守落落大方、彬彬有禮的前提看人行事。

3.提前瞭解男方父母的職業、愛好、生活習慣等，妳畢竟是跟人家兒子談戀愛，要上門參拜了，對人家如果還一無所知是很沒禮貌的，也不利於準備話題。

4.第一次上門不要傻傻的求表現。很多姑娘都被教育得知書達理，還怕自己得不到對方父母的認可而著急表現，但是表現也要分場合的。妳第一次去他家，怎麼說妳也是客人，要自己給足自己面子，妳見過誰家讓客人洗碗擦地的嗎？所以說，如果遇到這種情況，禮節性的說一句「伯母我來吧」就可以了，一般講禮貌的人也都會很客氣的說不用不用了，妳千萬別傻呼呼的從別人手裡搶著做。即使眞的要做，也要拖著男友一起，妳擺擺樣子就可以了。

5.適當帶點禮物。空手上門總是不大好，可也不必準備太貴重的東西，第一次見面會是什麼情況都不知道呢，萬一不成，這些錢也就白砸了。大衆化的鮮花、水果是最好選擇，不昂貴也不失禮，或者妳剛旅遊、出差帶回來的當地特產，顯得很有心意，又容易延伸話題。

6.要注意觀察對方家庭的整體氣氛、生活習慣、對方父母的脾氣秉性、與親戚的關係等等，收集的資訊越多越好，可以讓妳更充分的考慮這個家庭是否適合妳。也許有的姐妹說，我是嫁給他又不是嫁給他家，婚後我們兩個人單獨過日子，這些有什麼關係呢？非也，這個關係可大了。首先，不同家庭裡長大的孩子，總會有不同的特質，他或多或少都會受這個家庭的影響，假如他的父親在家就從不染指家務活，那他潛意識裡也會覺得家務是女人的事，偶爾幫妳做也是給妳面子，假如他的父母有很嚴重的重男輕女觀念，那麼他也大多會認爲男人比女人高貴，如果他們家與其他親戚家關係不怎麼好，那說明他的父母在爲人處事方面肯定是有些欠缺，而這些欠缺必定會影響到和你們以後小家庭的來往。

他的親人除了父母之外，還會有姑姑、叔叔、阿姨、舅舅、兄弟姐妹、爺爺奶奶、外公外婆、遠房親戚等等。他如果有來往比較密切的兄弟姐妹，也要費點心思拉攏一

下，都是年輕人倒也不用很複雜，大家一起逛逛遊樂場啊、吃吃飯啊、看看電影啊，再送點小禮物賄賂一下，他自然不會對你們交往有什麼意見。至於爺爺奶奶、外公外婆，人年紀大了之後一般都是脾氣也沒了，要求也少了，對很多老人家來說，能親眼看到孫媳婦兒就已經是件很開心的事，妳只要表現乖一點親熱一點懂事一點，老人家肯定就抓著妳的手越看越高興了。從理論上來講，姑姑叔叔、阿姨舅舅是不會對你們的事有什麼特別大的影響，但是偏就有些人天生熱心腸，什麼都要指導一下，而且他們的意見足以影響到他的父母，所以也不能太懈怠。在他們面前一定要保證必要的禮節和修養，他們可以不喜歡妳，可絕對不能讓他們看輕了妳。再就是很重要的一條——當著親戚的面，一定要給他父母足夠的面子。

在籠絡人心的過程裡，光憑一張嘴巴是不夠的，任憑妳再巧舌如簧，沒點實際行動人家也看不到妳的誠意。尤其是拜見對方父母總不好空手去吧，節假日上門總得意思一下吧，禮物是必不可少的。送禮也是一門學問，送給誰、送什麼、怎麼送，都是有講究的，基本原則有三：一是禮物輕重得當。禮物是感情的載體，表達送禮人的心意；禮品太輕意義不大，很容易被對方誤解爲不重視他；禮品太重，對方會誠惶誠恐，還要考慮怎麼還禮的問題；二是送禮時間間隔得當，間隔太長顯得人情冷淡，過於頻繁又容易師出無名，顯得目的性太強；三是要注意包裝，禮物不是普通的消費品，內容重要，形式也很重要，包裝一定要漂亮，不要太寒酸。

對於不同性格脾氣的家長，要送什麼禮品才能得到他們歡心呢？

母親篇

1.**吃苦耐勞型**。這種母親勤勞簡樸，選給她的禮物一定要經濟實用，太貴重的在她眼裡是浪費，甚至放壞了都不捨得用。妳可以送她一套大方耐用的寢具，讓她體會到妳的用心，如果已經比較熟悉了，可以送她超市的購物卡，這可是最實用的哦。

2.**家庭主婦型**。這類母親是傳統的賢妻良母，每天把家人照顧得舒服妥貼，喜歡做一桌子可口的飯菜，看一家老小吃得開心。妳可以送洗碗機、烘乾機讓她從繁重的家務裡解脫一點，還可以送台小烤箱供她研究蛋糕西點。

3.**事業型**。這類母親精明能幹，朋友多應酬多，送她的禮物要精緻脫俗、上得了檯

面。典雅的珍珠耳環、品牌皮包、皮夾都是不錯的選擇。

4.**朋友型**。這類母親可以平等的和孩子談心交流，是最貼心最可愛的媽媽，跟她的交流也比較輕鬆，送她一捧鮮花祝她永遠年輕吧，或者帶她一起去做個美容SPA。

5.**運動型**。這類母親心態年輕注重健康，送她一張健身會員卡是最合適不過的了，不僅可以讓她在運動中越來越健康美麗，還可以結識更多的新朋友。

父親篇

1.**樸實型**。這類父親爲了家庭辛苦拼搏一輩子，對子女的愛都深埋在心裡，年老之後身體已經大不如前。父母的健康是孩子的福份，可以挑選按摩椅、理療器或者足療卡送給他。

2.**時尚型**。誰說時尚是年輕人的權力？身爲老爸的他們也會對新鮮事物產生興趣哦，家裡有個與時俱進的老爸會增添很多樂趣。新款又操作簡單的數位相機、MP3等都可以買來送給他。

3.**儒雅型**。如果有人年老時比年輕時更帥更有味道，那說的肯定是儒雅型。他們身上沉澱了歲月的韻味，慈祥風趣，讓人忍不住想親近。這種父親可以從他的愛好入手，他喜歡看書就送套收藏級的大部頭，他喜歡釣魚就送套新的漁具給他，喜歡喝茶的就送套精美的功夫茶具。

4.**威嚴型**。嚴父慈母，有多少父親在子女面前是不苟言笑堅持原則的，妳能感覺到他的愛，但跟他親近總會覺得有點距離，不妨送個可愛的大玩具逗逗他，威嚴了一輩子，到老也該放鬆啦。不過如果妳沒這個膽量，就中規中矩的送點保健品吧。

5.**老頑童型**。這類老爸童心未泯充滿活力，可以送他運動器材譬如籃球、乒乓球、游泳衣（最好再加一對蹼，保證他喜歡），或者乾脆帶他出遊，他會喜歡跟年輕人打成一片的。

總之呢，挑選禮物要讓受禮者體會到妳的心意，最好的禮物應該是根據對方的興趣愛好來選擇，品質一定要好，還要別出心裁不落俗套。另外要注意不要犯了送禮的禁忌，要充分考慮受禮者的身份、愛好、風俗、民族習慣、宗教信仰。

好了，打下堅固的人情基礎，讓他的家人認可妳接納妳，他們不僅不會成爲你們通往婚姻道路上的絆腳石，幸運的話還會是很有效的推力哦。

如何籠絡他的朋友

當妳想要和妳的他過一個甜蜜的二人週末，而他卻被一幫狐朋狗友約出去時，妳是不是恨得牙癢癢，看他的朋友就像看情敵一樣，他們佔用了他的時間，分享了他的感情。單純的禁止他出去是禁不住的，他會找出一百個合情合理的理由，來解釋他和朋友在一起的必要性，而且硬把他扯在妳身邊，看他心不甘情不願的樣子，妳的興致也不會高啦，更何況妳也不忍心他被朋友們說成是「英雄氣短兒女情長」、「重色情友」吧。那怎樣才能不動聲色的融入他的朋友圈子，把他心裡的天平移到妳這邊，變「情敵」爲幫手呢？

1. 近朱者赤，近墨者黑

男人也很喜歡炫耀，當妳和他的關係確定之後，他肯定會獻寶一樣把妳介紹給他的朋友，而平時一些普通的聚會他也會帶著妳，這就是妳施展魅力的大好機會。幾個男人能做長久的朋友，肯定是有些共同的興趣和話題，所謂近朱者赤，近墨者黑嘛。在參加聚會之前妳就應該做好準備工作，看照片記住他們的長相和名字，瞭解他們的職業、愛好，準備些他們感興趣的話題，把自己裝扮成他們的同類，要混進羊群當然要披張羊皮呀，這樣才會讓他們有親切感，迅速的接納妳。如果妳各方面都跟他們格格不入，那氣氛可就尷尬嘍。

如果妳的他很好奇妳爲什麼對他的朋友這麼感興趣，妳可以這樣回答他：「因爲愛你呀，愛屋及烏嘛，當然想知道你的朋友們都是何方神聖啦。」這時候妳已經是知己知彼了，見到他的朋友就熱情的打招呼吧！「你是A吧，一眼就看出來了，我看過你們出去玩的照片。」「你就是B？他經常跟我談起你呢，聽說你家狗狗很神奇，什麼時候給我引見一下？」「C？你就是傳說中那個電腦大師？以後我的電腦有問題就全仰仗你了啊。」這樣一圈下來，你和他們基本就已經自來熟了，然後跟著談些他們感興趣的話題，爆一點妳和他交往之中的料，只要能讓他們覺得妳是個能像哥們兒一樣相處的女人，那麼再次聚會的時候，他們就會主動跟妳的男友說：「別忘了帶你家小美女哦，怪有趣的。」這樣妳就成功打入敵人內部了。

2.聯絡其他人的女友團，組成攻守聯盟

只要他已經到了適婚年齡，身邊的朋友就不可能全是單身，總有人是有女友或者老婆的，然後妳就可以提議來次闔家歡的大聚會，我想他們不會拒絕的。身爲男人的另一

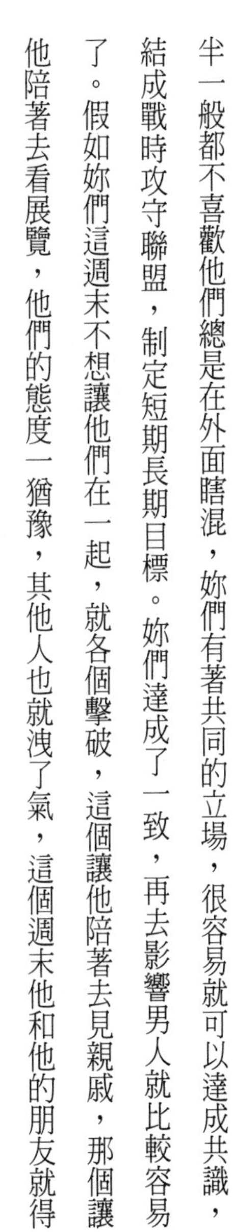

半一般都不喜歡他們總是在外面瞎混，妳們有著共同的立場，很容易就可以達成共識，結成戰時攻守聯盟，制定短期長期目標。妳們達成了一致，再去影響男人就比較容易了。假如妳們這週末不想讓他們在一起，就各個擊破，這個讓他陪著去見親戚，那個讓他陪著去看展覽，他們的態度一猶豫，其他人也就洩了氣，這個週末他和他的朋友就得聽妳們女友團擺佈了。

3. 適當轉移他們的話題

當一個大聚會裡不再只有男人，還有他們的女友和老婆，這話語權也就一方一半了。已婚的可以談談恩愛，正交往的秀秀甜蜜，保證那些單身的就要大受刺激。刺激嚴重的後果就是，他需要獨自療傷，不會再積極策劃聚會以消磨他的無聊時光了。

4. 獨樂樂不如眾樂樂

厚道的人從來都不過河拆橋，妳們心滿意足了，也別忘記正在受苦受難的單身弟兄，發揮女人的八卦紅娘本能，給他們牽線搭橋。萬一談不成他不能怪妳，在上帝面前宣誓的人都不保證能牽手走到最後，何況妳只是介紹他們認識呢。萬一談成了，他就一定得謝謝妳讓他告別光棍時代。

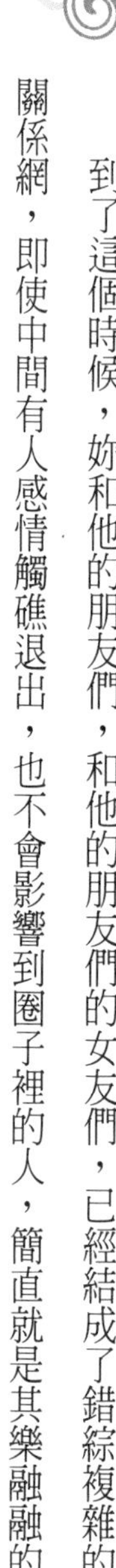

到了這個時候，妳和他的朋友們，和他的朋友們的女友們，已經結成了錯綜複雜的關係網，即使中間有人感情觸礁退出，也不會影響到圈子裡的人，簡直就是其樂融融的大家庭啊。

外交手腕

三等聰明的人做實業，二等聰明的人搞研究，一等聰明的人玩政治。人的心思是最難猜透的，人與人之間的關係是最複雜的，有時候即使對家人朋友也要耍點心思，玩點外交手腕。

1.**人不犯我我不犯人，人若犯我我必犯人**

平時爲人處事也是這樣，不要鋒芒太露以免樹敵太多，不要主動去侵犯別人惹禍上身。但若是別人對妳不尊重，侵犯妳傷害妳，那就不用再心慈手軟，刀子怎麼扔過來的就給他怎麼扔回去，絕不能白白受人欺負。

2.**敬人者人恒敬之**

無論什麼時候，都不要丟掉自己的修養，凡事對事不對人，儘量不要搞人身攻擊，

冤家宜解不宜結。人敬我一尺，我敬人一丈，只要妳堅持以尊敬的態度去對待他人，最後也一定能夠得到別人的尊敬。

3.懂得借助外力

一個小孩子在山間走路，被一塊大石頭擋住了，小孩子推啊推的推不動，就坐地上哭。正哭著，上帝出現了：「遇到困難別氣餒，想一下你有沒有用盡全力？」小孩子想了想不哭了，起來很用力的推，結果還是推不動，於是很茫然的望著上帝。上帝問：「你眞的盡力了嗎？」小孩子點點頭，上帝說：「你還沒盡力，因爲你沒有請求我的幫助。」在一個人的力量難以改變局面的時候，要思考一下有沒有可以借助的外力。當局者迷旁觀者清，也許旁觀者的一句話就可以化解僵局。

第四節　放棄的藝術

妳肯定知道這世界上有個臭名昭著的墨菲定律（Murphy's Law）。愛德華．墨菲上校是美國空軍的一名工程師，曾參加測試人類對加速度的承受極限試驗，他發現在連接測量加速度的儀器時，居然有人把十六支加速度計全裝在錯誤的位置上，於是他說了一句：「如果有兩種或更多的選擇，其中一種將導致災難，那麼必定有人會做出這種選擇。」這句話在美國迅速流傳，並流傳到世界各地，在流傳過程中，演變成涵蓋生活各方面的許多變種，其中最通行的一句是：「凡事只要有可能出錯，那就一定會出錯，並且引起最大可能的損失。」其他的還有譬如：麵包掉在地上，總是有果醬的一面朝下；好的開始未必有好的結果，壞的開始結果往往更糟；你要找的東西，總是在最後一個抽屜裡；你排的隊伍，永遠是最慢最長的；你等的車總是最後才來；一種產品保證六十天不出故障，等於保證第六十一天一定會壞掉……墨菲定律幾乎就是一個百試不爽的倒楣定律，那麼讓我們來看一下戀愛、婚姻裡有哪些墨菲定律呢？

1.天上確實會掉餡餅，但絕對不會砸在妳頭上

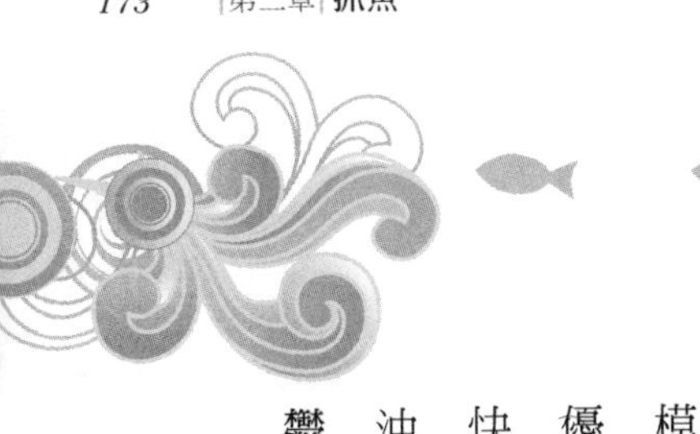

妳相信這個世界上有英俊瀟灑、沉穩可靠、幽默浪漫、多金又體貼、專一的完美男人嗎？其實妳相不相信不重要，重要的是這樣的人妳肯定遇不到，即使遇到了，要麼他已娶，要麼妳已嫁。最美麗的故事從來都發生在遙遠陌生的地方，而那些遙遠陌生的地方，我們永遠都找不到。清醒一點吧，就算天上眞有個餡餅在做自由落體運動，砸到妳頭上充其量也就是塊石頭，只有痛沒有甜蜜。做做夢可以，但別天眞的以爲夢裡的一切眞的能實現。

2.別人的男朋友總是很完美

人天生有一種炫耀、虛榮的本能，這種本能使我們習慣於粉飾太平。一對在聚會裡看起來親熱興奮的情侶，也許散場後就會鬧小脾氣互相指責，一對外人眼裡平和默契的模範夫妻，也許早就分崩離析互相厭倦。我們總是拿自己男人的缺點去比對其他男人的優點。妳覺得A的男友有錢又浪漫，但妳不知道他整日花天酒地；B的男友廚藝一流勤快上進，但妳不知道他暴躁起來會掄拳頭；C的老公一表人才帥得發呆，但妳不知道他油瓶倒了都不會扶一下；D的老公溫柔敦厚看起來那麼有安全感，但妳不知道他精神抑鬱要靠藥物維持。男人不是拿來比的，這樣比較的結果只能讓妳很鬱悶，男人也會很壓抑。一個鬱悶一個壓抑，感情會有好結果嗎？

3.剛結束了單身狀態，那個理想中的他就出現了

妳也許曾經堅持寧缺毋濫的原則，一直在等啊盼啊，終於有一天所有人都催妳說別太挑剔了，再等好男人就沒啦，差不多就先談著吧，過了這個村就沒那個店啦！於是妳妥協了，接受了身邊這個似乎還說得過去但總覺得欠缺點什麼的男人。如果就這麼發展下去，也會是個比較平淡的結局，可問題是幾天以後，妳忽然眼前一亮悲憤交加：「天啊，我想要的人原來在這裡！」這時候怎麼辦呢？其實這個問題男女同理，單身時總也找不到合適人選，戀愛或結婚後卻發現，好男人好女人遍地開花。是妳時運不濟？非也，多是心理因素在作怪。還記得妳買衣服時，千挑萬選逛到腿抽筋才選中的衣服，一付完帳就開始嘀咕，「這顏色是不是暗了點」「領口是不是太大了」「這個價格買下來有點冤大頭」。再看商店裡的其他衣服，似乎件件都勝過手裡這件。所以，買衣服，買完之後就趕緊走人，別給自己留琢磨的餘地；挑男人，挑到手就收起狩獵的目光，別玩「最好的永遠是下一個」這種把戲。除非妳是狩獵狂人，必須時刻處在掃描狀態中才開心。

4.他給的總不是我想要的

女人嫁給誰都後悔，這句話是超級無敵的正確。為什麼會這樣呢？因為人性是貪婪的，都是得寸進尺、得隴望蜀。我的一個女朋友，工作能力強，經濟基礎好，她找了一男朋友，工作一般，進取心一般，就是愛做飯愛照顧人。最初兩個人在一起，男的天天吃的喝的葷的素的伺候著，女的很開心，因為從來沒有人這樣細緻的照顧過她。可幾個月之後，激情和新鮮感沒有了，女的開始懷念她自己的華麗生活了，這個男的雖然對她很好，可是不能讓她住漂亮的大房子，不能讓她去國外旅遊，不能給她提供沒有壓力的優渥生活。但偏偏兩個人確實是有感情的，就這樣在理想和現實之間互相折磨著，最後還是分了。分手時女的對男的說：「你對我確實很好，但是我需要的不是一個廚子。」

女人都有很多種欲望，沒有一個男人可以完美到滿足妳所有的需要，所以很多女人就會心安理得的一邊享受男人滿足了她的那部分，一邊對始終得不到的部分念念不忘。對凡夫俗子而言，得不到的是最珍貴的，也是最有誘惑力的，就是這種「得不到」讓女人陷在進退維谷的境地裡煩惱。

5.婚前沒改掉的壞毛病，婚後更不可能改掉

基本來說，從談第一次戀愛開始，我們的心智就已經是比較成熟的，也已經形成了自己的性格體系和好惡標準。人說江山易改本性難移，確實是這樣的，要改造一個成年男人是艱巨到不可能實現的任務，要改變他不如去適應他。戀愛之初，我們確實會爲了迎合對方而自願改變一些東西，吸煙的戒掉，喝酒的控制，愛泡夜店的也收斂了，只爲了達到對方的標準。這個改變的動力是強大而熱烈的激情，但既然是激情，就肯定是短暫的。過不了多久通常又會天使的歸天使，撒旦的歸撒旦，平靜之後原形畢露。戀愛時激情的力量是很巨大的，如果妳的他在激情的階段都沒有做出妳希望的改變，就永遠不要奢望以後的日子裡妳能慢慢改變他，日子越久，妳對他的顯性影響力就越小。這個結果，妳要從一開始就做好充分的心理準備，戀愛三個月內他沒改掉的壞毛病，這輩子估計都不會改了。

收線的藝術

理想與現實存在很大的差距，釣魚時別人滿載而歸，妳卻空手而回，有時候見浮標晃動，提起魚竿還可能是空歡喜一場，最後釣到魚了吧，看起來卻又小又沒精神，遠不

及別人的肥美。找男人也是如此，費勁周折後忽然發現，眞實生活裡的他跟妳原本的想像有很大的差距。該怎麼辦呢？兩種選擇，一，如果妳是個不挑剔的人，而他的毛病對妳而言並不是原則性的致命傷，並且他身上有妳非常看重的、不可或缺的優點，那可以試著告訴自己：完美男人可遇不可求。況且有些缺點是任何一個男人都具有的，改變自己的心態比改變一個男人容易多了。二，如果這些差異是原則性的、致命性的，是妳無論如何都接受不了的（說到這裡，我不禁要懷疑妳釣魚的時候肯定閉眼睛了，或者走神了，這樣的魚當初明明就不該釣嘛），那就實在沒什麼好說的了，分手吧，自己解脫對方也解脫，免得捆在一根繩子上大家都痛苦。

分手和辭職一樣需要我們費些心思。辭職的時候妳需要給上司一個不見得眞實但一定要聽起來合情合理的漂亮理由，除非妳已經下定決心鬧個魚死網破老死不相往來。什麼簡單的東西只要一涉及到感情就變得複雜起來，分手這個事情也是，分手後大家是變陌路，還是繼續做朋友？這跟分手的原因有關，跟分手的方式也有關。雖然說世界很大，但我們身邊的圈子實在有限，如果沒有特別的戲碼，上策還是要選擇和平解決，即使做不了朋友，也不能多一個敵人。這就要講究分手的戰術戰略了。

對不同類型的男人，應用不同的戰術

聰明理智型。跟這種男人分手是最簡單的，也是分手後最容易維持良好朋友關係的。因爲他聰明，一點就透，觸類旁通，妳只需要暗示或者在行動上有所表示，不用妳懇切的看著他說「我們分手吧」，他也會明白妳的意思。因爲理智，他和妳一樣懂得衡量，知道強摘的瓜不甜，不會跟妳胡攪蠻纏，也不會和妳撕破臉。

魔鬼示範：

1.不再叫他「寶貝」、「親愛的」、「豬豬」等昵稱，直接叫回大名。

2.減少約會次數，約會時裝作不耐煩和心不在焉。

3.回避親密動作，如牽手、接吻等等。

情深意重型。跟這個類型分手其實是考驗女人的心理素質，這類男人重情重意，只要他認準了妳，就不會做什麼對不起妳的事情，也會把你們之間的感情當成寶一樣呵護，同時會設身處地的爲妳考慮，希望妳得到幸福。跟他們提分手會嚴重傷害他們的心靈，而妳也會接受靈魂的考驗，很多女人會在大男人的淚水和沉默面前敗下陣來。如果確定要分手，妳自己先懺悔一下吧，因爲無論如何做，他都肯定會傷心，能夠做的，不

過是維護他的自尊，減輕他的痛苦。

魔鬼示範：

1.「我知道你對我很好，我很感激，但是……是我對不起你……」

2.輕輕的跟他說：「我感覺應該有一個更好的女孩子來愛你。」

3.很認眞的態度說：「我還是更習慣一個人的生活。」

花花公子型。這類男人很博愛，喜歡追逐不同的女人，追逐的過程本身能讓他感覺快樂或者有滿足感。他們一般還沒有要安穩下來的願望，喜歡刺激和自由，他們的愛情通常多彩而短暫，能輪到妳對他Say Good-bye也算是個造化。對於分分合合他早已習慣，處理起來也是乾脆俐落。

魔鬼示範：

1.「親愛的，我們結婚吧！」別驚訝哦，這句話確實能嚇跑只想玩玩的花花公子，不用妳想理由，他就會主動疏遠妳了。

2.在他跟別的女人曖昧時出現，然後微笑著說：「你們繼續，我不打擾了。」

3.直截了當的說：「我們不合適，結束吧！」

平凡型。現實裡的大部分男人都可以歸到這個類型，出類拔萃的畢竟是少數。這個龐大族群裡的男人每天過著兩三點一線的生活，沒有太高的理想和太大的追求。他們也喜歡漂亮女人，但沒財力和勇氣去追，愛情對於他們是個普通的必須品，滿足正常的生理和心理需求，但失去了也不至於天崩地陷，他們通常以爲一定會有個獨具慧眼的女人看上平凡的他。

魔鬼示範：

1.「你是個好人，但是經過這段時間的相處，我覺得我們不合適。」理由不重要，關鍵是妳把分手的訊息傳達給他，大家都是成年人了，知道是什麼意思。

2.「我不小心看了你的聊天記錄，既然你已經找到了你的心靈伴侶，那我就不耽誤你了。」

3.「我們最近都太煩躁了，不如分開一段時間冷靜冷靜吧。」

4.「我眞的努力過了，但是我們生活習慣成長背景都不同，硬在一起也不會有好結果的。」

5.「你難道不覺得嗎？我們在一起已經不像當初那麼快樂了。」

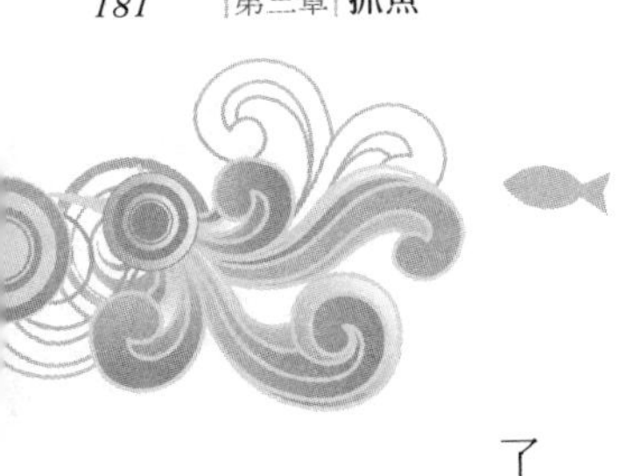

反應過度型。分手這件事大部分人都比較看得開，少有擺出一副只要愛情不要命的架勢，但是少有不見得就沒有，也許妳運氣背遇到一個。反應過度的一種是自己尋死覓活，一種是死纏濫打，甚至威脅恐嚇。這兩種反應其實都是一個人心智不夠成熟、心理不太堅強的表現。跟這種人分手算是明智之舉，即使有些內疚也一定要狠下心來，快刀斬亂痲。如果他尋死覓活，就關照他的朋友多注意他，如果他死纏濫打加威脅恐嚇，妳也就乾脆擺出死豬不怕開水燙的姿態來，千萬別優柔寡斷，同時注意自身安全，儘量不要獨自外出，一個腦袋瘋狂了的男人是什麼事情都做得出的，防患於未然嘛。

魔鬼示範：

1. 「你以爲這樣本姑娘就怕你啊，你如果敢騷擾我家人，我就直接報警。」
2. 「你冷靜一下吧，你越是這樣鬧我們就越不可能在一起的。」
3. 「好男兒志在四方，爲了一個女人你也至於此！有這股勁放到工作上早升職了。」

不同的情況，適用不同的戰略

1.雙方都有分手意向的，就再簡單不過了，而且也是最有希望分手還是朋友的搭檔類型。這種情況就一切順其自然，開誠佈公的正常交往就好。

2.是妳要分手，就得採取懷柔策略，打一巴掌揉三下，多說幾句類似這樣的話：「你對我的好我會永遠記得的。」「我不得不這樣，這對我們兩個的將來都比較好。」「像你這樣的男人，很快就會找到比我更好的女人。」諸如此類，免得他對你們曾經的關係感到痛心疾首，覺得妳是個冷酷無情的人。

3.如果對方要跟妳分手，即使妳很傷心難過，很想挽回，也不要在當時就扯著他不放。男人一旦想好了要分手，就十之八九不會回頭的，他們比女人更理性，妳的哭泣、糾纏只會讓他對妳心生躲避，倒不如做個灑脫的姿勢出來，他還可能對妳另眼相看。

4.兩個人能一起擁有過一段快樂時光和美好回憶，多少也是個緣分，一句「以後我們還是朋友」，可以讓彼此都儘量心平氣和的去面對分手事實，儘管妳和他心裡都清楚以後可能都不怎麼會見面了。

優雅分手注意事項

1.只要分手理由不是非常的難以啓齒，儘量做到誠實吧。沒有任何一個謊言是完全

經得起推敲的，而且爲了維護一個謊言，日後也許要編造更多的謊言，成爲自己的心理負擔。

2.如果當初眞的愛過，就不要因爲急於脫身而說出「其實我從來都沒愛過」這樣的話，這句話是很傷人心的。同理，如果妳是被甩的一方，也不要質疑他是否曾經愛過妳，妳應該對自己有信心，只是愛情是很玄妙的東西，愛的時候是眞的愛，不愛的時候也是眞的不愛了。

3.態度要明確果斷，切忌猶豫遲疑。既然已經想好了要去做，就要提前考慮好可能要面對的情況和後果，不要因爲對方的傷心悲痛而暫時改變主意或者拖延，這樣容易讓對方產生誤解。如果導致你們分手的原因得不到解決，遲早還是要面對的，如果早晚都要痛，那麼晚痛不如早痛，長痛不如短痛。

4.分手的話，最好兩人約出來當面說清楚，不要採用發短信或者電子郵件的方式，這樣一是不夠尊重對方，二是顯得不誠懇。面談的方式互動性比較好，有助於更快更好的解決問題，不留後患。

5.分手後短期內儘量少見面。儘管你們也許說了分手還是朋友的話，但是彼此如果眞愛過，分手必然會在心理留下一點遺憾和尷尬，爲了避免這些，也爲了避免還愛著的一方繼續心存幻想，儘量避免不必要的會面，給雙方空間去修復和整理。

6.不要爲了分手而醜化自己。有些人爲了讓對方不再愛自己，刻意把自己往他厭惡的形象上推。你討厭女人抽煙喝酒，那我就抽煙喝酒給你看；你不喜歡晚歸，我就每天去泡夜店；你討厭物質女人，我就天天跟你嘮叨誰家買大房子了誰家換車了……這樣可能確實能起到效果，代價卻是毀了自己的形象。妳也不想以後會聽到前男友講妳壞話吧。

7.如果對方吞吞吐吐想說分手，搶在他之前說吧。先說分手的人總是占了一定的心理優勢的，即使妳很傷心，也可以安慰自己說：沒什麼呀，是我先不要他的。

8.如果到底被他先說了分手，不要哭著扯著他問爲什麼，到這個時候，任何理由都是藉口，不愛就是不愛了，妳問清了原因也不能讓自己舒服一些。不如高姿態的說一句：「其實我也覺得我們不合適，分手是最好的選擇。」妳越淡然，他反而會開始反省自己。

9.不要讓自己看起來像個怨婦。假如沒發生什麼他特別對不起妳的事情，不要到處

講他的壞話詛咒他，這樣並不能解妳的心頭之恨，還會給別人留下他很混蛋、妳很小氣的印象。做人不妨寬容一點，寬恕別人也就是解救自己。

10.分手後保持正常心態，既不要因爲是妳先提的分手而心存內疚，也不要因爲是對方放棄了妳而感覺自卑、憤恨。感情分分合合本來就是再正常不過的事情，妳只需要理解是緣分未到好了。只有保持良好的心態，才能讓妳積極的投入到以後的工作和感情中。

11.分手後千萬不要因爲寂寞孤單等原因，而盲目的開始下一段戀愛，雖然有些人說忘記一段感情的最好辦法是開始另一段感情，但這樣的方式對自己對他人都是不夠尊重和不負責任的。

對於敏感的女人來講，即使心裡很清楚這段感情已經沒有繼續下去的必要，但分手對她們依然是很痛苦、很受打擊的一件事，如果妳實在想不明白，如果妳眞的做不到大度，如果妳不發洩一下就悶得要發狂，那就找個洩洪口吧，只要妳能讓自己覺得痛快，在不違背法律的前提下，小小的咒罵甚至報復一下也未嘗不可。

1.找幾個手帕交陪妳喝酒。酒精不是個好東西，但酒精確實能讓人放鬆，在微醺的狀態下，人不會再像清醒時那麼刻意的控制感情，可以幫助妳把最眞實的一面釋放出來。爲什麼要找手帕交？前面已經說過了，怕男女混在一起會酒後亂性，還沒擺脫舊麻煩，又製造一個新麻煩。

2.去KTV唱歌，而且專挑搖滾的、嘶吼的來唱。原理跟站在海邊和高山上拼命喊一樣，但是更容易實現。大聲的喊叫可以鬆弛人的神經，發洩心中鬱悶，當妳放開了喊上幾個小時，再美美睡上一覺，醒來就會發現心情好多了。注意不要選些淒惻纏綿的，會更勾起傷心事哦。

3.如果實在氣不過，可以找幾個好友聽妳訴說，罵幾句發洩一下也好。如果妳的好友夠默契，她們會陪妳一起罵，這樣就解氣多了。

4.給家裡來次大掃除吧，把所有與他有關的東西都掃地出門，把地板、桌子、衣服、床單、被罩、窗簾都清理一遍。妳問爲什麼？把自己累到精疲力盡也是種發洩的好辦法啊，身體累到一定程度，大腦就空白了。

5.家裡有足夠結實的砧板嗎？有足夠分量的菜刀嗎？不要害怕，不是指使妳行兇，

這招適合暴力型和破壞型女人。準備很多很多的蔬菜，然後就開剁吧，剁之前注意做好隔音工作以免嚇到鄰居，還要注意不要誤傷到自己。

6.溫柔婉約型的女人可能既打不出來也罵不出來，那就拿張白紙，寫上他的名字，使勁兒撕碎，然後燒掉啊扔垃圾桶啊沖下水道啊，從此眼不見心不煩。

7.健身也是很好的釋放壓力、舒緩心情的方法之一。一些比較激烈的運動如跑步、跆拳道、自由搏擊可以發洩心頭的憤恨，而比較柔和的瑜珈、游泳、舞蹈訓練可以放鬆妳的神經，調節情緒。

要不要吃回頭草

分手之後我們就可以做一段時間的自由人，盡情享受一個人的精彩。週末和假期不用費心安排，不需要徵求別人意見，吃飯不需要考慮別人胃口，不用掛念著另外的人爲什麼這麼晚了還不回家。只要調節好情緒，妳就會發現天空很藍，草地很綠，未來很美好。

可是也有可能妳一個人冷靜下來，又想起了他所有的好，發現已經不習慣身邊沒有他的日子，發現新認識的男人比他臭毛病更多更無藥可救，或者是發現以前對他的行為和想法有誤解的地方，或者是他又對妳發起了新的追求攻勢……總之，就是妳經過一段時間的反省和思考，確認妳還是對他有感情，還想再續前緣和他生活在一起，怎麼辦呢？古人都告訴我們說好馬不吃回頭草，那感情的回頭草到底要不要吃？要怎麼吃呢？

先一起溫習一個老套的揀麥穗的小故事吧！古希臘哲學家蘇格拉底的弟子柏拉圖求教老師，到底什麼是愛情？蘇格拉底就把他帶到麥田裡去，要他摘一棵麥田裡最大、最金黃的麥穗來，期間只能摘一次，並且只可向前走，不能回頭。柏拉圖於是按照老師說的去做，結果他兩手空空的走出了麥田。蘇格拉底問他為什麼摘不到？他說：「因為只能摘一次，又不能走回頭路，期間即使見到很大很金黃的，因為不知前面是否有更好的，所以沒有摘；走到前面時，又發覺總不及之前見到的好，原來最大最金黃的麥穗早已錯過了，於是我什麼也沒摘。」蘇格拉底說：「這就是愛情。」

之後又有一天，柏拉圖問他的老師什麼是婚姻，蘇格拉底就叫他先到樹林裡，砍下一棵全樹林最大、最茂盛、最適合放在家作聖誕樹的樹，同樣只能砍一次，同樣只可以

向前走，不能回頭。這次柏拉圖帶回來一棵普普通通不是很茂盛，也不算太差的樹。老師問他，怎麼帶這棵普普通通的樹回來，他說：「有了上一次經驗，當我走到大半路程還兩手空空時，看到這棵樹也不太差，便砍下來，免得錯過了，最後又什麼也帶不出來。」蘇格拉底說：「這就是婚姻！」

麥田裡肯定是有最大、最金黃的一顆麥穗存在，但是未必能恰好被妳遇見；即使遇見了，也未必知道它就是符合要求的，等走到頭的時候妳終於知道那些麥穗哪個最好了，蘇格拉底卻跳出來大吼一聲：「不許回頭！」很多事情確實是沒有回頭機會的，所謂一失足成千古恨，再回頭已是百年身，但也有很多事情給妳留了回頭的選擇，至於怎麼選，全看妳的考慮。

曾經有一個朋友跳槽後混得不是很得意，這時舊公司又伸出手招喚說：「回來吧，公司還需要妳。」她很徬徨，就去求教一個人力資源的朋友，這個朋友很乾脆的給出了回答：1.薪水有沒有以前二〇%的漲幅；2.年資、年假等待遇是否可以和以前的時間累計；3.有沒有人事暗礁，開展工作會不會有困難；4.妳打算把這次回去當作長久的事業還是臨時過渡？

婚姻是女人的職業，要不要回頭跟前男友重修舊好，類似於要不要重新回到舊東家的懷抱。要考慮的無非也就是這幾個問題：你們對彼此的認識和瞭解有沒有更深一層？你們的感情經過這次挫折會不會更穩固？上次的分手有沒有給彼此留下不能癒合的傷口？妳確定他是妳終身的歸宿還是僅僅藉他排解孤獨？這些問題一定要想清楚，因爲不是所有的回頭草都好吃，有些可能會塞牙或者吃壞肚子。那麼，什麼樣的回頭草能吃，什麼樣的不能吃呢？

能吃的：

1.和平分手，分手後仍以朋友相待的。這種都有一定的感情基礎，分手也比較和平理智，沒有給彼此留下什麼硬傷和不能面對的痛苦過去，再相處起來也會較爲輕鬆。

2.雙方交往時間長，彼此瞭解比較深的。對彼此的性格愛好、生活習慣都瞭解和適應，如果老問題能得到比較好的解決，不太容易出現新問題。

3.分手後也依然對妳一往情深、關懷備至的，不需質疑對方是用情很深的，這種情況下，只要妳考慮好了要回頭，他當然還是會一如既往的愛妳、關心妳。

4.分手時告訴妳「我會永遠在這裡等妳」，而且分手後也確實沒再交新女友的。專

情的男人有嗎?當然有，這就是一個，他會站在遠處默默的等妳回來，隨時準備提供給妳一個溫暖寬厚的懷抱。

不能吃的：

1.分手時惡語相加的，把什麼難聽的話都說了，什麼難看的事都做了。你們已經看到了彼此最醜陋的一面，就沒有必要再重新開始了，對妳對他都是心理陰影，不一定什麼時候就會跳出來作祟。

2.一方背叛感情的。原因太簡單了，他能背叛一次，就能背叛兩次。如果妳不想在同一個坑裡絆倒兩次，就別回這個頭。

3.小心眼，沒肚量，總是揪著過去不放的。也許他依然很愛妳，但他更放不下那段過去，會時不時的拿出來晾晾，甚至成爲他以牙還牙的藉口，跟他在一起，妳就準備著鬱悶死吧。

吃不吃回頭草這事兒，關鍵是確認草是不是好草。只要是好草，而妳前路迷茫不知道還能不能遇到更好的，有什麼理由不回頭呢?妳一輩子的幸福比什麼面子啊意氣啊可

重要多了，至於是不是好馬，who care！

既然已經決定要吃回頭草，接下來就要考慮怎麼吃的問題了。

1.請好友出面，向他透露妳和好的意願，對他說：「××也一直是一個人，她其實還是很愛你的，你們好好談談，重新開始吧。」

2.讓好友策劃一場朋友聚會，然後你們不期而遇，找個單獨的機會向他旁敲側擊：

「最近我考慮了很多，覺得當時是太偏激太衝動了。」

「後來××把事情真相都告訴我了，我不該當初不聽你解釋，挺後悔的。」

「我現在才知道，沒有人能像你那樣愛我包容我了。」

「我覺得我已經很難再愛上別人了。」

「其實我只是氣你爲什麼不挽留我，只要你開口，我就不會走。」

3.委婉的表白。

「妳曾經說會永遠等我，這句話還算數嗎？」

「還記得去年情人節是我們一起過的，今年你還願意陪我嗎？」

「很懷念我們在一起的日子，不知道以後還會不會有機會？」

4.放下身段，拉開面子，直接坦白吧，誠實的女人很可愛。

「那時候是我錯了，我們重新來過吧！」

「分開以後才知道，我心裡面愛的還是你，我們能重新開始嗎？」

「以前是我不好，從來沒有考慮過你的感受，你願意再給彼此一次機會嗎？」

第四章 養魚

第一節　魚的生活哲學

「釣到的魚不用再餵食」，很多人都有這樣的想法，就是所謂的入袋爲安，以爲魚既然已經到手就沒有什麼好擔心的了，也無需再去花時間費心思，這是很錯誤的思想。一條魚，妳只有好好餵養，勤於換水，給牠合適的溫度和魚糧，牠才能從小魚長成大魚，越來越精神鮮亮。如果妳釣到了就把牠扔一邊，這條魚要麼就一天天虛弱下去毫無生機，要麼就來個起義，拼死也要跳出去。我想這絕不是妳釣魚想要得到的結果。女人是水做的骨肉，一個好女人懂得用溫情去滋潤男人，讓他更舒展更鮮活，而不是任他在歲月裡風乾成一條魚乾。

要想把魚養好，妳必須知道牠們有哪些特徵，哪些是牠們喜歡的，哪些是牠們憎惡的，哪些是牠們追求的，哪些是牠們逃避的……只有熟知牠的生活習性，才能按方抓藥有的放矢，不至於白白費了力氣。

男人生理期

女人有生理期，每個月的那幾天都腰腹酸痛，情緒低落，嚴重時就像吃了火藥一樣一碰就炸，而且還無法控制。女人把那幾天稱爲倒楣的日子，因爲身體不適經常會要求些特殊照顧，重活兒不做，涼水不碰。可是妳知道嗎，男人也有生理期的，總會有那麼幾天出現情緒上的波動，甚至身體上的不舒服，醫學專家稱之爲男性的「低潮」現象，也有人戲稱爲男性「生理期」。這實際上是內分泌變化的結果，變化週期和女人差不多都是二十八天左右。但因爲男人不像女人這樣有明顯的生理變化，通常他們自己都不清楚爲什麼會有疲勞、易怒、衝動等神經紊亂的表現，就會主觀的認爲是工作壓力太大，家庭氣氛不好，人際關係不順等等。男人生理期會有哪些表現呢？

1. 莫名其妙的心情煩躁
2. 情緒低落，對任何事情都提不起興趣
3. 焦慮、易怒
4. 不能集中注意力
5. 逃避與他人的交流
6. 抽煙、酗酒

當妳發現男人有如上表現，而他身邊又沒有什麼實質性困擾時，多半是他的生理期到了。這時候不要試圖和他講道理，也不要疑神疑鬼，儘量溫和平靜的對待他，給他充分的空間和自由，等這幾天過去了，他自然也就恢復正常了，千萬不要在他的煩躁期找他麻煩，以免狀況失控。

三十歲現象

孔子說：「三十而立。」於是三十就成了一個人生的分水嶺，女人怕三十歲，總覺得三十之後就不再年輕，三十歲再嫁不出去就很悲觀了；男人也怕三十歲，如果三十歲了還沒有一點事業基礎，或者明確的職業規劃，是很難在社會上立足、在女人面前挺起胸脯的。三十歲之前，身體的各項機能都達到了頂峰，這也就是說，三十歲之後，我們就開始一步步衰老了。但是女人和男人衰老的步調是不一致的，三十歲之後的男人通常開始出現以下的衰退現象：視力減弱、聽力下降、脫髮、性衝動減少、心肺功能減弱、牙齒變髒、容易感到疲倦。

很多男人在三十到三十二歲會經歷一系列有趣的變化，我們暫且稱之爲三十歲現

象。

1. **忽然變衝動**。一個朋友在他滿三十歲那年，忽然辭了工作一個人跑去西藏、尼泊爾旅遊了。更誇張的是，他就待在西藏不回來，租了個大院子開旅館，養著貓，養著羊，種著各種蔬菜，整天美滋滋的，說他感覺自己變了一個人，在西藏沒有任何壓力的活著。問他還回來嗎？他說最後當然還是要回歸正常生活，但是暫且先任性這麼幾年吧，否則以後就更沒有機會了。

「以後就更沒有機會了」，沒錯，就是這個原因，三十歲的男人知道以後自己肩上的責任會越來越大，從一個人到兩個人再到三口之家，自己將離自由越來越遙遠，所以在三十歲那年，他們忽然就覺醒了，覺得這輩子要爲自己眞正的活一回，現在就是最好也是最後的機會了，所以他們忽然衝動得熱血沸騰起來，去一直想去但一直沒去成的地方，做一直想做但一直沒做過的事情，這是他們爲自己的青春舉行的告別儀式。瘋狂過一次，他就準備眞正定下心來承擔一個男人該承擔的一切了。

2. **職業轉捩點**。在三十歲時，男人迎接他職業生涯中的第二個轉捩點。第一個出現在二十五歲左右、他大學畢業兩年的時候，在某一工作崗位上積累了一定的經驗，從就

業期轉向擇業期。三十歲的時候，一部分人已經嶄露頭角成爲單位主管或者幹部，前途一片光明；一部分人積累了足夠的經驗、資源和資金，選擇自己創業，前途有希望也有風險；而大部分人還是平平淡淡的在自己崗位上沒有大的突破，對於工作沒有了太多的激情，只是公式化的一種生活需要。這大部分人對職業規劃比較迷茫，心理壓力也會比較大，從而影響到他日常的情緒。

3.**感情變故**。不少三十二歲左右的男人會在感情方面做出些驚人之舉：持不婚主義的花花公子閃電結婚了，一向沉穩顧家的好男人忽然離婚了，頂客家庭的擁護者忽然決定要寶寶了，對妻子一貫忠誠的老實人居然外遇了……感情，不僅有七年之癢，還要提防男人的三十二歲危機。這個年紀的他們因爲社會角色的轉換、對於身體衰老的恐慌、對於未來的不確定性等等原因，會突然產生對過往的懷疑，甚至把過去的選擇全盤推翻。有效生命過半，在對未來和生命意義的思索中找不到確定的答案，不知到底怎樣的人生才是最有價值的，他們像是紅了眼睛的鬥牛一般，盲目的四處衝撞。

男人對於工作的態度

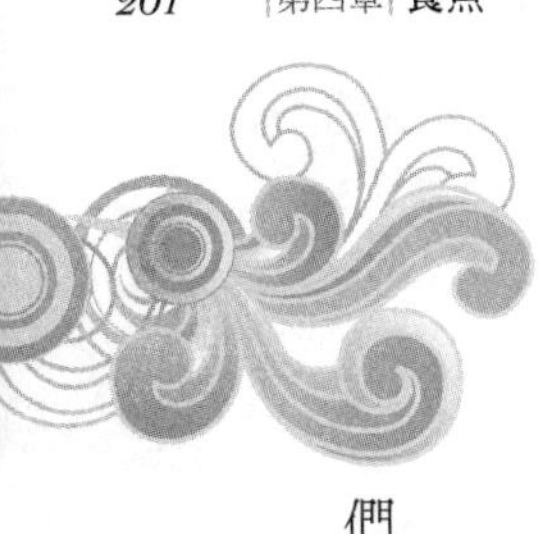

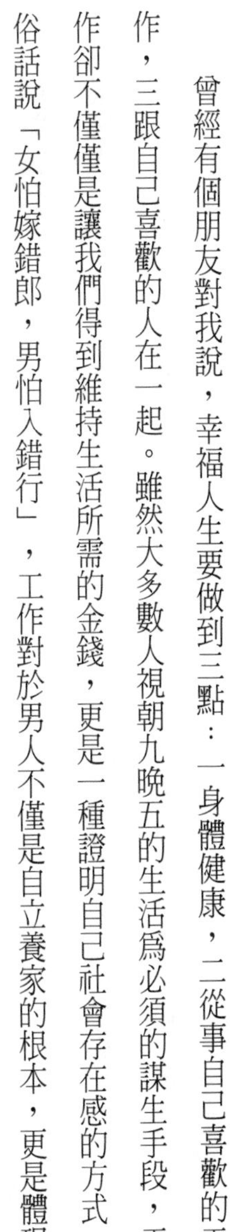

曾經有個朋友對我說，幸福人生要做到三點：一身體健康，二從事自己喜歡的工作，三跟自己喜歡的人在一起。雖然大多數人視朝九晚五的生活爲必須的謀生手段，工作卻不僅僅是讓我們得到維持生活所需的金錢，更是一種證明自己社會存在感的方式。俗話說「女怕嫁錯郎，男怕入錯行」，工作對於男人不僅是自立養家的根本，更是體現自己能力和價值的最直接表現，不同的男人對於工作持不同的態度。

1.糊口而已

這種男人占了很大的比例，他們沒有遠大的抱負，只是甘於日復一日過著平淡的普通生活，對物質沒有太高的要求，居有定，所食能果腹即可。他們通常沒有強烈改變現狀的衝動，覺得今天這樣的生活就很不錯。這種男人痛恨女人的物質和虛榮，因爲他們沒有願望也沒有能力讓彼此過更有品質的生活，對於浪漫和附庸風雅的遊戲也絕對不感興趣。

2.滿足自己的手段

這種男人不見得對工作有多重視，但他們工作起來會認眞負責、全力以赴，因爲他們需要提高自己的地位和薪金來滿足自己各方面的需要。他們對飲食衣著有一定的偏好，對物質和精神生活都有一定的追求，當然女人也是他們的追求之一，他們知道必須有一定的物質基礎才能擁有更寬的選擇面和更穩固的發展關係。有一個男性朋友說：「每當我自己懈怠的時候，我就去逛奢侈品賣場，它能刺激我賺錢的欲望。」

3.出人頭地

男人骨子裡都是有一點英雄情結的，亂世出英雄，在中國浩淼的五千年歷史裡，熠熠閃耀著的那些名字多是在變革時期憑藉超人膽識和才能異軍突起的人物，而在如今的平安和諧社會，想要出人頭地脫穎而出，必得成爲某一領域的翹楚，成爲某一行業的領軍人物，簡單說，就是在工作中做出非常突出的成績。對於這種要藉工作來達成自己出人頭地目標的男人，工作就不僅僅是工作了，應該稱之爲事業，一個男人終身爲之奮鬥的事業。這份事業能夠給他帶來豐厚的物質回報，給他帶來閃耀的光環，讓他在成功裡得到自我肯定。

4.夢想愛好

很多人迫於生計的壓力從事著自己並不喜歡的工作，把愛好和夢想壓在心底，而對於一部分有幸從事自己感興趣的行業，或者勇於把自己的興趣和工作結合在一起的人來

說，所謂的工作就不僅超越了工作，還超越了事業的範疇，而成爲他人生的一部分，成爲他活著的樂趣之一。這部分男人最容易成爲「工作狂」，但不一定能從中得到太多經濟上的利益，因爲他們更看重從工作中得到精神上的快樂和滿足，物質反而是第二位。

男人對於女人的態度

男人和女人之間總是有著千絲萬縷的聯繫，逃不開避不掉。當一個男嬰呱呱墜地時，他就首先和一個女人締結了永遠的親密關係，那就是他的母親。在他的成長歲月裡，伴隨他的則有鄰家可愛的小妹妹，和班級裡高傲的女同學；通常在他的青澀歲月裡，他會遇到第一個讓他爲之心動的女孩子，那時候他年紀還小，甚至不知道該怎麼面對和表白；在之後的一年年光陰裡，他會有固定不固定的女朋友，演出一幕幕的悲歡離合，然後在最合適的時間遇到最合適的一個女人，這個女人會成爲他的妻子，也許會陪他一直走到生命盡頭，也許在漫長平淡的日子裡還會激起一點浪花，擁有紅顏知己或者情人。男人的一生到底會經歷多少個女人，我想沒人能說得清楚，但毫無疑問，每個女人都會在他的生命裡佔據一個位置，每個女人都或多或少影響著他的人生軌跡。

1.對於母親

女人容易有戀父情結，而男人容易有戀母情結，這就像面容的遺傳一樣，女兒通常長得像爸爸，而兒子通常像媽媽。

男人對於母親的感情到底有多深厚是女人很難想像的，是的，他們通常不善於表達感情，也不善於照顧體貼來表達自己的關愛，但男人表面上對情感的漠然，並不是他們心底沒有，而是因爲他們覺得太感性會讓自己看起來不夠男人，英雄氣短兒女情長，怎麼能讓別人看到自己柔軟的一面呢，男人需要用獨立和堅硬來證明自己。

有一個問題是所有男人都很深惡痛絕的，那就是：「假如我和你媽同時掉到河裡，你會先救誰？」不止一個男人在談到這個話題時表現得很抓狂很暴躁，並言之鑿鑿說問出這種問題的女人堅決不能要。這樣的女人在他們眼裡是不符合三從四德的傳統要求的，是不孝順不可愛的。戀愛中的女人千萬不要拿這句話當作一個有趣的遊戲，這會在你們的關係中埋下一個可怕的定時炸彈。如果這個男人不夠愛妳，他極有可能當場與妳翻臉，如果他足夠愛妳並且足夠圓滑，也許他會記得那句標準答案：「先救母親，因爲她給了我生命；如果來不及救妳，就跳進去跟妳一起死。」被愛情沖昏了頭的女人們千

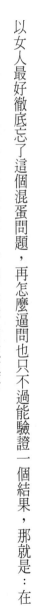

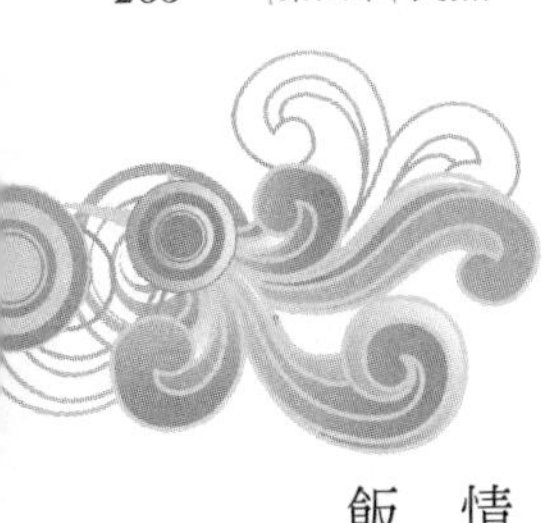

萬不要爲此感動，因爲活人的承諾都脆弱得不堪一擊，死後的承諾就更是毫無價值。所以女人最好徹底忘了這個混蛋問題，再怎麼逼問也只不過能驗證一個結果，那就是：在男人心裡，母親當然比老婆重要，當然更比女朋友重要。

在絕大多數的男人眼裡，他的母親就是完美女性的典範，勤勞質樸美麗溫柔（少數確實失職的母親除外）。因爲傳統男主外女主內的觀念影響，中國的家庭裡即使男女雙方都一樣的工作打拼，教育子女的任務也大部分會落在女方身上，導致孩子從小到大多與母親接觸，接受來自母親的潛移默化。即使做爲一個兒子，他從自己父親那裡得到的教化也往往少得可憐，他應該成爲一個什麼樣的男人，這個議題通常是他的母親按照自己的喜好和願望來指導他的，他的最初價值觀、人生觀也大多來源於母親。也就是說，做母親的往往把兒子塑造成爲自己理想中的男人，然後引以爲豪。所以她們在孩子身上傾注大量的心血，可以不求回報的去照顧他，在他做錯事的時候也盡力去包容他理解他……這樣的付出當然是有回饋的，那就是兒子深埋在心底的崇敬與愛，有時候這份感情有多深，連做兒子的自己也很難察覺，但它確實是深入骨髓的。當他們的女朋友不做飯不洗碗時，當他們的女朋友想要華麗的浪漫時，當他們的女朋友指責他時，他們就會

想起自己的母親，覺得身邊這個女人雖然是自己喜愛的，但永遠不可能像他的母親那麼偉大。

2. 對於初戀情人

初戀是個很美好的詞，初戀情人則不論對男對女而言都是很難忘卻的記憶，它彷彿是我們從青澀到成熟蛻變的一個里程碑，一段可以反覆回味的記憶。初戀是男人成年後對兩性情感的第一次探險，初戀裡承載了男人太多的期待和自我探索。初戀情人的形象往往是比較完美的，她在情竇初開時以最夢幻的形象出現，純眞清澈不摻雜一點功利色彩，是單純異性之間的吸引，這是初戀相對於之後的戀情最可貴的一點。

男人窮其一生都不能完全忘記他的初戀情人，她是他心底最美好的一個夢。對於女人而言，男人的初戀情人就相當於她的影子敵人，他的心裡永遠有一個特殊的位置是留給那個初戀的。而當男人的生活出現變故、感情出現問題時，他最容易想起那個初戀的她。聽說過這樣一個故事，一個戎馬一生的老將軍，老伴去世後有很多人給他介紹對象，有喪偶的大學教授，也有終身未嫁的老姑娘，可老將軍全都一一回絕了。他回到故鄉找到了年輕時的初戀情人，把那個已經不再年輕不再漂亮沒見過什麼世面的鄉村老太

太接到家裡，開始了相敬如賓的新生活。

3.對於前女友

在上一段戀情裡，可以看到妳下一段戀愛的影子。打算開始一段戀愛或者剛剛開始一段戀愛的女人們注意了，一定別忘記關注這個問題——他和前女友分手的原因。妳當然可以直接問他，雖然他未必會跟妳講實話，但多少窺出些端倪還是不難的。有些人可能要說了，愛情重要的是兩個人的感覺，跟他之前的女友有什麼關係呢？這關係可大了。一個成年男人的喜好、習慣和處事方法、思維方式已經大致固定了，他所追求的女人類型和他戀愛的模式也不會有大的變動。參考他的上一段戀情，有助於妳更理智的看待妳和他的關係，也有助於妳提前對以後可能會發生的事情有個心理準備。

如果他很乾脆俐落的告訴妳原因，這起碼說明他的爲人是比較光明磊落的，尤其是即使是他的錯他也不避諱，和他交往起來自然比較省心，不用費勁猜他到底在想什麼？這是不是他的眞實意圖？如果他支支吾吾避重就輕顧左右而言他，那就要注意：他是不是對前女友做過很過分的事情，所以自己都覺得沒辦法說出口；他是不是稀里糊塗過日子，一段感情結束了都懶得去檢討原因；他是不是生理或者心理有問題，怕把眞相說出來妳也會棄他而去。

男人有時候會忽然想起他的前女友，好奇在沒有了他的日子裡她過得好不好？有沒有新的男朋友？那個人是什麼樣子？比他好還是比他差？他可能會偷偷去看她的部落格，去校友錄查看她的近況，這時候妳不用太緊張，多半只是男人的好奇心作祟而已。只要他沒有忽然變得鬼鬼祟祟行爲異常，完全可以不用大動干戈，適當提點一下即可。不過如果遇到吃回頭草的前女友，那妳的麻煩就來了，她也許是因爲分手後才想起他的好，也許是被新交的男友甩了想要回頭，他們是曾經相愛過的，有感情基礎，死灰復燃也不是不可能，尤其是前女友主動誘惑他的時候，難保他不會一時衝動置妳於尷尬處境。

妳該怎樣防患於未然呢？首先當然是密切注意他的情緒波動和行爲改變，一旦發現異常馬上進入戰備狀態。不要和他的前女友正面接觸，尤其是在這個男人不知情的情況下與她單獨見面，兩個女人爲了一個男人爭風吃醋有失斯文，也會讓男人感覺妳不信任他。不如把選擇權依舊交回到男人手裡，不過要做得漂亮，既要讓他知道妳對他的感情，又要讓他知道妳不會沒了他就尋死覓活，妳越表現得寬容大度，他心理上的天平越

容易向妳傾斜。

4.對於妻子

男人其實很有頭腦，他娶回家的女人不一定是他最愛的，也不一定是最愛他的，而是最符合他對於妻子這個職位的要求、適合跟他一起過日子的人。

男人在把自己選中的這個女人娶回家時，都是打算好好對她、兩個人好好過一輩子的，男人雖然本性花心和追求自由，但內心也嚮往安定平和溫暖的家庭生活，尤其是很多人還有繁衍後代的需要。至於後來為什麼會厭棄？為什麼有背叛？就不是一句話兩句話能說清楚的了。

結婚之前，男人大致已經瞭解自己的責任和負擔，知道這個女人有什麼小毛病和缺陷，並且也打算接受這些。他們對於妻子的要求是：溫柔賢慧、顧家、講道理、識大體，當然還得能賺錢（能輕鬆獨自負擔起一個家庭的男人還不是很多），最重要的還是要孝順。前邊說了，男人對母親有著很深厚的感情，而他們自己偏偏又不會表達，又不願親自去照顧，怎麼辦呢？他們就希望自己的妻子能夠代替自己，娶個孝順老人的妻子就算是他們盡孝了。這就是為什麼每當妻子和老媽發生矛盾時，他們首先表現出來的是對妻子的失望情緒。

男人對於妻子的要求其實就是他對於婚姻的要求，婚姻同時改變了兩個人的生活軌跡，把它們融合在一起，娶個什麼樣的妻子，基本上決定了他以後會有什麼樣的家庭生活。談戀愛意味著男人對母親的依戀轉移到另外一個異性身上，而婚姻意味著他的這種依戀已經固定到他的妻子身上。男人在潛意識裡會尋找與他的母親有外在或內在相似特徵的女性爲終身伴侶，所以有人說婆媳之間的矛盾是因爲她們太相似。他的妻子應該是他固定的性夥伴，他的崇拜者，他精神與情感交流的對象。

5.對於紅顏知己

紅顏知己是男人心裡的一個永恆欲望。男人會欣賞很多類型的女人，而他只能娶回家一個，偏偏娶回家的這個慢慢就在他的生活裡變得平淡、變得雞毛蒜皮。他再也找不到激情了，他希望有個女人能成爲他的精神伴侶，希望有人能陪他談理想、聊人生，希望有女人能無條件的欣賞他、追隨他。

張愛玲有一段膾炙人口的話：「也許每一個男子全都有過這樣的兩個女人，至少兩個。娶了紅玫瑰，久而久之，紅的變成牆上的一抹蚊子血，白的還是床前明月光；娶了

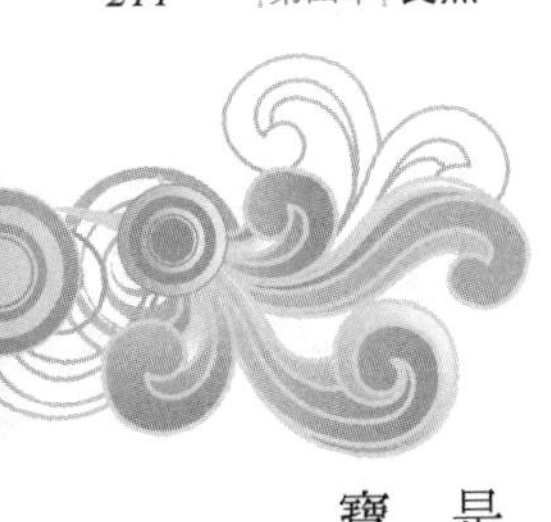

白玫瑰，白的便是衣服上沾的一粒米飯，紅的卻是心口上一顆朱砂痣。」越是得不到的就越是念念不忘。

有一個夠優秀的紅顏知己，是男人值得拿出來炫耀的一種資本，讓他覺得自己在婚姻之外仍然保有對女人的吸引力，他們喜歡被異性認可、推崇的感覺。眞正的紅顏知己其實對於男人的婚姻是沒有危害的，這個紅顏不僅無意介入他的婚姻，還會疏導他的負面情緒，教他正確處理危機。而男人也很願意展示自己純精神的一面，不會對紅顏有什麼不軌企圖，一個成熟理智的男人知道，一旦越了界限，沒有了若即若離的分寸美感，紅顏也就不再是紅顏。

6.對於情人

情人明顯和紅顏知己不是一個層次的，坊間對於身處這個位置的女人有很多不大好聽的稱呼，最直接的原因當然是情人介入了別人的家庭，這是容易遭人嫉恨的。

爲什麼有些男人需要情人？有些是純粹爲了滿足生理需要。男人和女人生理的變化是不同步的，有很多家庭在經歷了添個小寶寶的喜悅之後，會發現面臨新的問題——寶寶的媽媽性冷淡了。我們當然可以從生理學、心理學上都找到佐證原因，但是對於男人而言，直接的後果就是導致他們的欲求不滿。短期如此，尚可以壓抑可以調節，長期如此，男人就會琢磨著找個出口，如果恰好有個合適的女人出現，男人很容易就會被吸引過去。

有些是因爲精神空虛，如果兩個沒有多少共同語言的人結成夫妻，婚後又不注意溝通交流，生活很快就會變得乾巴巴的沒有樂趣。男人處在一個既不溫暖又不輕鬆的家庭氛圍裡會想逃離，會物色一個能讓他重新充滿激情活力的女人。還有些男人是遭遇舊愛，因爲現實的因素，很多有情人並不能終成眷屬，但已爲人夫爲人婦的他們不見得能完全放下那份感情。如果男人不期然遇見他曾經的最愛，如果他這個最愛恰好生活困頓或者感情蹉跎，這個男人心裡的感情和拯救欲望就會被激發，他希望自己能讓她生活得好一點、幸福一點，他希望能盡力的照顧她、呵護她。找情人拿來炫耀也是原因之一，有些所謂的成功人士，出席活動時喜歡帶年輕漂亮的女伴而不是妻子。他們認爲談感情是很幼稚的，專情是很可笑的，他們身邊不間斷的出現新鮮面孔，在換女人的過程裡炫耀自己的魅力和金錢。

不過男人也是現實的，情人很少能夠入主正宮，男人很清楚自己能在她身上付出什

麼得到什麼，很清楚這個女人娶回家會有什麼後果。大部分男人，除非是被沖昏了頭腦，是不願意去承擔這個後果的，他們想要維持的狀態是：家裡紅旗不倒，外面彩旗飄飄。

崔山，三十二歲，醫生

崔山與何青的婚姻表面看來很讓人羨慕，一個醫生一個教師，男的帥女的漂亮，站在一起匹配得很，彷彿最完美的婚姻也不過如此。可當他們的婚姻進入第七個年頭的時候，崔山再也過不下去了。朋友們都來勸說，以為又是一個老套的七年之癢而已。在朋友面前，崔山壓抑已久的情緒終於爆發了，一個大男人哭得像孩子一樣。原來他們的矛盾從婚後不久就開始了，何青是富裕家庭裡的獨生女，從小就嬌慣，導致結婚後也依然是桌不擦地不掃，用崔山的話來說，就是：「我三天不回家，水槽裡的碗就能泡三天。」性愛方面一開始是正常的，可後來何青就開始逃避，夫妻倆一個單睡，一個陪孩子睡，已經一年多了。崔山紅著眼睛問朋友：「你們說我這日子過著有什麼意思？當初娶她是娶媳婦，是想要一個溫暖的家，不是請一尊菩薩供著。」

男人對於朋友的態度

妳對一個男人說他的男性朋友很好，他會洋洋得意，妳若說他的男性朋友不好，他會跟妳據理力爭，因爲在他看來，妳看不上他的朋友就相當於質疑他的能力和品味。女人則不同，妳對一個女人說她女友不好，她會替對方解釋幾句，不會放在心上；但如果是一個女人的男朋友誇她的女友好，她可就會揪住不放審問清楚，她怕他會移情別戀吃上窩邊草。

從這裡就可以看出男人女人對待朋友的不同了。對男人而言，朋友是「自己人」，他們像維護自己一樣維護朋友，爲了朋友可以兩肋插刀。對女人而言，再好的朋友也是「別人」，尤其是婚後的女人，她的心都在丈夫和孩子身上，友情只是錦上添花的東西。男人與男人之間，即使一時衝動不合大打出手，日後也還可以繼續做好朋友；女人與女人之間，因爲小事也會吵翻天，卻很難再心無芥蒂的來往。兩個很優秀的男人之間有鬥爭有較量，也有惺惺相惜的欣賞，兩個很優秀的女人之間恐怕大半就只剩笑裡藏刀的計較了。

女人之間的交往淡如水，男人之間的交往則濃如酒，女人很少因交朋友而招福或者

惹禍，男人卻會因此飛黃騰達或者陷入麻煩。男人天生是需要朋友的，沒有金錢他可以用各種手段去賺，沒有地位他可以努力去爭取，沒有女人他可以自嘲說是清心寡欲，唯獨沒有朋友是個致命傷。通常從一個男人的交友裡可以看出這個男人的性格、手段，如果他的朋友只是從小的夥伴和學生時期的同學，他大致屬於念舊、羞怯的人，接受新事物和開拓新環境的能力一般；如果他的朋友大多是興趣相當的玩伴，他大致屬於簡單、隨意的人，但會有些逃避現實責任，追求簡單享樂；如果他的朋友多數是業務上的合作夥伴，那他就是相當務實理智的人，勇於承擔生活責任，缺點是太現實太功利，讓人覺得缺乏感情；如果他的朋友五花八門三教九流，那他是個非常活躍的人，對生活充滿了熱情，但博而不精沒有韌性，很難專注在一件事情上。

要瞭解一個男人，認識他的朋友非常重要，如果他的朋友滿口髒話行爲不檢點，他也不會是個有高雅趣味的人；如果他的朋友以玩弄女人感情爲樂，那他慢慢也會遊戲人生；如果他的朋友消沉頹廢憤世嫉俗，那他早晚也會受到影響。而要鞏固和一個男人的關係，就要試著去介入他和朋友的圈子，如果能做到讓他的朋友都認同妳，那妳和他的關係就等於上了雙保險。

第二節　水至清則無魚

中國古文化博大燦爛，其中有很多爲人處事之道，一直到今天都是很値得研讀的，在《大戴禮記・子張問入宮》裡就有這樣一句著名的格言：「水至清則無魚，人至察則無徒。」意思很明顯，就是說太清澈的水裡魚難以生存，人如果太精明而過分苛察，身邊就沒有朋友。我們在生活中也是如此，斤斤計較並不能讓妳得到更多更快樂，反而是「難得糊塗」可以讓妳更灑脫更輕鬆。已經故去的香港著名藝人沈殿霞曾經在節目中訪問鄭少秋，直接了當的問：「究竟十幾年前，你有沒有眞眞正正的愛過我？」鄭少秋驚訝之後肯定的回答：「有！」這應該是非常困擾肥肥的一個心結，以至於在他們離婚十多年之後還要鄭重其事的討一個答案，但實際上用腳趾頭想想都會知道，秋官是斷然不會否認的，這樣的答案眞的能讓肥肥了無遺憾嗎？也許眞的只有她自己知道。

總覺得秋官當時的表情多少是有些尷尬的，他遭遇了兩個太較眞的女人，肥肥如此，他的現任妻子則是多次在公衆面前因爲丈夫與肥肥的舊事而當衆翻臉，甚至在肥肥病危時依然不許秋官去看望。且不說那些陳年往事早就是過眼雲煙，單就面對一個將不

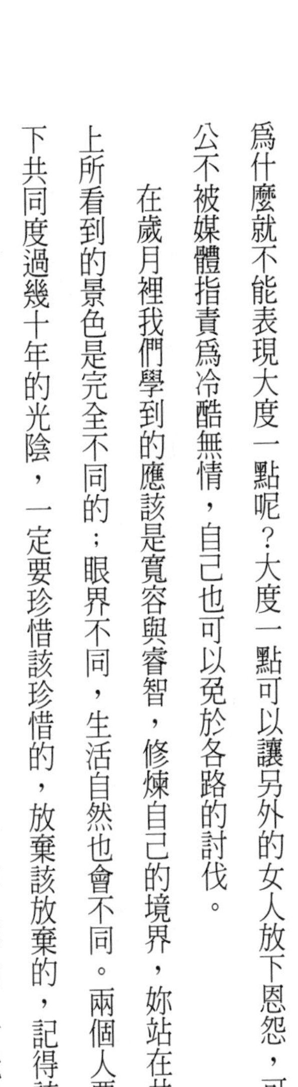

久於人世的病人來講，她是不會影響到你們今後生活的，而且她好歹是妳老公的前妻，爲什麼就不能表現大度一點呢？大度一點可以讓另外的女人放下恩怨，可以讓自己的老公不被媒體指責爲冷酷無情，自己也可以免於各路的討伐。

在歲月裡我們學到的應該是寬容與睿智，修煉自己的境界，妳站在井底和站在高山上所看到的景色是完全不同的；眼界不同，生活自然也會不同。兩個人要在小小的屋簷下共同度過幾十年的光陰，一定要珍惜該珍惜的，放棄該放棄的，記得該記得的，忘掉該忘掉的，才能不被瑣碎細節所困擾，才不會一葉障目不見泰山，才能找到兩個人相處的最佳模式，體味生活的眞意。生活中，妳應該知道自己該珍惜的。

1.他的愛

如果一個男人很鄭重的對妳說「我愛妳」，相信他很珍惜這份感情。感情是脆弱多變的，正因如此，在彼此還愛著的時候給彼此最大的信任、最深切的愛，而不要等愛沒有了才去懷念和感傷。愛情像水晶，美麗耀眼，但同時也一摔即碎，需要兩個人共同的呵護和培養。除了妳的父母，這世界上再沒有任何人會無緣無故對妳好，不要把對方的愛視爲理所當然，他需要妳同樣的回應和關愛，只有一個人在付出的愛情是病態的，不能長久的。

2.他的禮物

禮物是傳遞心意的媒介，自古就有「千里送鵝毛，禮輕情意重」的說法。男人很粗心，女人心很難猜，所以他不能在琳琅滿目的商品裡挑中合妳心意的禮物是件再正常不過的事情，不要因此而責怪他，愉快的收下他對妳的那份心意吧！男人如果送妳玫瑰，就擁抱著給他一個輕柔的吻；男人如果送妳玩具，就拉著他一起玩；男人如果送妳衣服，就穿好在他面前旋轉，並且眞誠的稱讚：「好漂亮啊，我很喜歡。」男人如果送妳戒指，不要急著看是十八ｋ還是二十四ｋ、鑽石是八心八箭還是ｃａｒｔｉｅｒ，而是把頭埋在他的胸膛裡，可以什麼都不說，一切盡在不言中。

3.他對妳的照顧

男人不善於表達自己的感情，甚至爲了維護他的男人氣概而刻意掩飾，可當他眞正愛妳關心妳的時候，他的感情會從一舉一動裡流露出來。妳不小心把手指劃破，他會一邊罵妳笨一邊手忙腳亂的找ｏｋ絆；妳生病了，他會著急得把妳送醫院，笨手笨腳的給妳褒湯養身體；妳在沙發上睡著了，他會小心翼翼的把妳抱回床上去；妳哭的時候，他

會一邊感歎女人眞麻煩，一邊小心幫妳擦著眼角的淚，並且不介意妳把眼淚鼻涕都蹭在他昂貴的衣服上……男人的愛多數落實在行動上，油嘴滑舌的傢伙往往被證明是不可靠的。妳不要計較他說了什麼，而要看重他爲妳做了什麼，爲這個家做了什麼。這樣，當他忙於事業不能陪妳的時候，當他不懂得安慰妳哄妳的時候，想想他曾經對妳的照顧，妳就會知道身邊這個男人是値得守候的。

子涵，二十九歲，攝影師

在子涵還是個沒有任何資歷和名銜的小跑腿時，小艾就已經和他在一起了。子涵整天在外忙著搞創作，小艾就每天安靜的等待他回來，把房間佈置得乾淨又溫馨，飯菜營養又可口。子涵一開始是愛並感動著的，後來當一切成了習慣，開始覺得生活了無趣味。這時候他認識了做模特兒的一個女孩子，高眺漂亮，活潑爽朗，她帶他去油菜花田裡奔跑，帶他去聽重金屬搖滾音樂，子涵彷佛被她引導著推開了通往另外一種世界的窗戶，他覺得這樣的生活才是有激情的，是與眾不同的，是能滿足他欲望的。當他決定要和這個模特兒在一起時，小艾默默的離開了，屋子裡留給他一個精緻的小箱子。子涵打開箱子，裡面零散擺著幾樣東西和一些紙片，有一張發黃的電影票，背面寫著：「看完電影出來，他第一次牽了我的手，我沒有躲，他的手是那麼溫暖。」有一朵枯萎了的玫瑰，花莖上卷了一片粉色的紙：「他送的情人節玫瑰，說以後每一個情人節，我們都要一起度過。」一枚易開罐的拉環，同樣墜了一個小紙條：「他用一個鋁環，就圈住了我的心。」一對華麗的大耳墜，耳鉤上釘的紙條照樣寫滿了字：「他說拍一個模特兒時覺得這個樣子很漂亮，就逛了好多店買了一模一樣的回來，可是他好粗心，忘記了我是敏感體質，陪他的那天我一直戴著，晚上耳朵又紅又腫，可心裡卻那麼幸福。」子涵看著這些東西發呆，他想起了小艾給予他的一切，在他落魄的時候堅定的追隨，給他買肉和蛋補充營養，自己卻說要減肥，寒冷的夜裡兩個人抱著入睡，盡心的安排著他的衣食住行……子涵忽然明白了，小艾給予的遠遠多於他所付出的，他一點一滴的好小艾都記得，而小艾對他的好，他卻從來都沒有珍惜。後來子涵把小艾追回來，他知道了真正懂愛的不是他，而是小艾。

生活中妳應該忘記的。

1. 妳的委屈

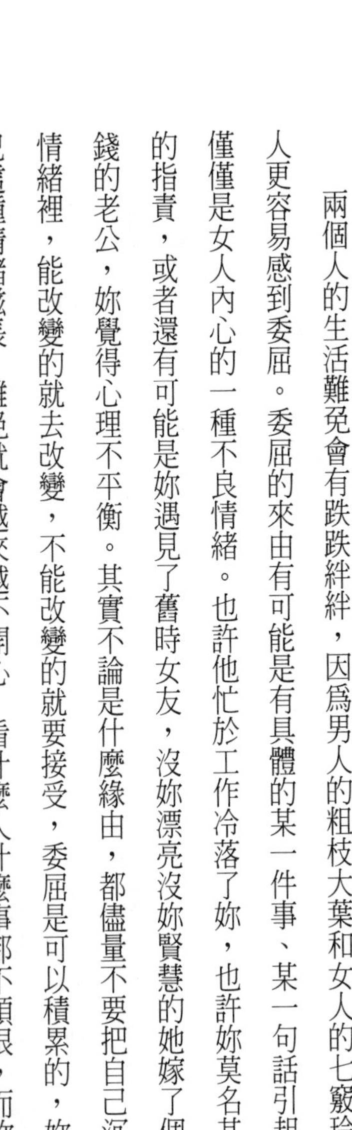

兩個人的生活難免會有跌跌絆絆，因爲男人的粗枝大葉和女人的七竅玲瓏，一般女人更容易感到委屈。委屈的來由有可能是有具體的某一件事、某一句話引起，也有可能僅僅是女人內心的一種不良情緒。也許他忙於工作冷落了妳，也許妳莫名其妙受了婆婆的指責，或者還有可能是妳遇見了舊時女友，沒妳漂亮沒妳賢慧的她嫁了個更瀟灑更有錢的老公，妳覺得心理不平衡。其實不論是什麼緣由，都儘量不要把自己沉浸在委屈的情緒裡，能改變的就去改變，不能改變的就要接受，委屈是可以積累的，妳若是放縱自己這種情緒滋長，難免就會越來越不開心，看什麼人什麼事都不順眼，而妳的這種情緒一旦殃及池魚波及到妳老公身上，兩個人就少了親密和默契。多了抱怨和口角，進入沒完沒了的惡性循環。

2.曾經的付出

贈人玫瑰，手留餘香，有能力給予是件值得驕傲的事情，而能夠心甘情願的付出也是種幸福。我們知道當初妳爲了這份婚姻放棄了深造的機會，我們知道妳爲了這個家含辛茹苦任勞任怨，可如果因爲這些，妳天天耳提面命要求他對妳的付出感恩戴德，就有些不明智了。感情上的付出是自願的、雙方面的，沒有人逼妳，所以妳也不要用這個來硬性的要求別人的回報。「天之道，有心行善，雖善不賞；無心作惡，雖惡不罰。」感情上的付出也是如此，若妳當日的付出很明確是爲了今日的回報，這份付出也就不那麼純粹、不那麼可愛了。總把自己的犧牲當作口頭禪，對方早晚會厭煩。沒有人希望在心理上處於「欠債」的狀態，不要人爲的把親密伴侶身份轉化爲斤斤計較的債權人。

3.他的糗事

人不是神，不可能永遠不出錯，不可能永遠都儀態萬方處事不亂，從小長到大，誰沒有點糗事呢。投資上的失敗、酒後撒瘋、被女朋友甩、宴會上打嗝、做愛時放屁……這些話題，拿來說一兩次就夠，而且還是小夫妻倆心情好時拿來逗個樂子，千萬不要當著他朋友的面拿這個當作笑料。玩笑開一兩次是玩笑，總是樂此不疲的開就很容易讓當事人覺得是嘲笑。男人的面子到底有多重要，不用我再重複一遍了吧。男人的面子一半是自己掙的，一般是女人給的，妳不幫著維護他英明神武的光輝形象就罷了，再釜底抽薪揭他的老底就是大大的不明智了。

4.他的前女友

前女友，是一個蠻尷尬的角色。確定戀愛關係前，妳需要知道他和前女友分手的原

因，從而更深入瞭解這個男人，同時預防你們也會有相同的結局；而結婚以後，妳應該從自己的記憶裡抹去這個女人，不要再糾纏他和她的過往，不要在他生氣的時候質問他：「你以前也會用這樣的語氣吼她嗎？」不要在他溫柔看著妳的時候問他：「你喜歡我是因為我身上有她的影子嗎？」不要在他指責妳的時候說：「我知道你心裡還忘不了她。」他和她的故事已經結束了，未來是屬於妳和他的，不要讓一個已經退出他生命的人成為你們之間莫須有的障礙。

而且換一個角度講，人在成長過程中都會受到他身邊人的影響，他的前女友也是一個，如果妳對自己老公現在的狀態感到滿意，別忘了那裡面也有她的功勞，是她把一個青澀的毛頭小夥子調教成一個有魅力的半成品男人，而妳要做的，是在今後的歲月裡把他塑造為成品、精品。

5.妳的前男友

「前男友」這個稱呼意味著妳和他曾經有過轟轟烈烈的愛情，有過美麗而甜蜜的回憶，不管最後是誰背叛了誰、誰遺棄了誰，感情結束之後就要勇敢的把這一頁翻過去。如果妳還忘不了前男友，就不要讓一個無辜的人當妳感情的炮灰，如果妳已經決定開始新的感情、新的生活，妳就把過去的事情整理乾淨，以一副嶄新的姿態和心態來面對後面的人。他曾經對妳再好再體貼也都是曾經，他過去是多麼浪漫多麼風趣那也都過去了，不要用妳前男友的優點來要求妳的現任男友或者老公；同樣也不要因爲前男友傷了妳的心，就懷疑全天下的男人都是薄幸之人，就戴著他留給妳的有色眼鏡看待妳身邊的這個男人，這非常的不公平。對於前男友這個人，不如把他徹底的掩埋，回首微笑著對他輕輕說一句：「讓我感謝你，贈我空歡喜。」

方平，二十七歲，客戶服務

方平和梁森的關係一開始是房客和房東，梁森那時候和他的前女友剛剛分手，一個人住空蕩蕩的房子太冷清，於是掛牌出租，而正在找房子的方平就這樣搬了進來。一開始兩人都是心無旁騖，可一男一女久居一室慢慢感情就發生了變化，梁森覺得這個女孩子熱情潑辣好相處，方平覺得這個男人踏實負責，對她這樣一個外地女孩子來講是個很不錯的落腳點，郎情妾意一拍即合。可就在方平第一次踏進梁森臥室的時候，忽然發現他前女友的照片還擺在他的書架上，雖然已經積了灰塵，可依然是很礙眼。方平聰明沒動聲色，但跟自己的朋友還是少不了嘮叨：「當時看見

我就覺得心裡難受。當初他跟我說他和女朋友已經分手，絕對沒可能了，可分都分了還擺著她照片做什麼？真想給他扔了，可想想那是他自己的家，我也還名不正言不順的，不好把他的東西給扔了呀，顯得自己多沒修養。算了，我忍！」於是方平對那張照片採取不理不睬的態度，對於梁森的前女友也不從好奇打聽，她想，或許他需要一段時間來考慮清楚。最後嘛，當然是守得雲開見月明，前女友的照片被他倆的婚紗照取代了。

生活中妳應該忽略的。

1.他無傷大雅的謊言

男人的生活裡充滿了謊言，明明是跟朋友去酒吧卻謊稱在陪客戶，明明是在三溫暖卻說是在公司加班，明明不想陪妳逛街卻強打精神說「爲了老婆萬死不辭」……有些男人的謊言確實是爲了掩蓋骯髒的事實，達到不可告人的目的，有些男人的謊言是爲了點綴平淡的生活，讓妳感到快樂幸福，而更多男人的謊言則是爲了避免麻煩和減少爭論，當他們覺得說實話要面對妳更多的懷疑和詰問的時候，男人們會不約而同的選擇看起來更合情合理的謊話。

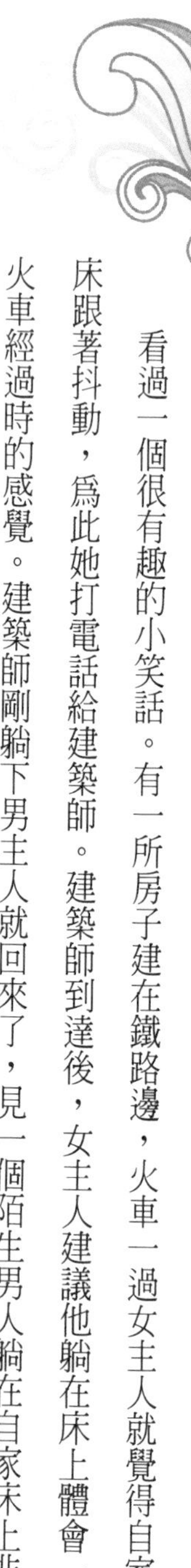

看過一個很有趣的小笑話。有一所房子建在鐵路邊，火車一過女主人就覺得自家的床跟著抖動，爲此她打電話給建築師。建築師到達後，女主人建議他躺在床上體會一下火車經過時的感覺。建築師剛躺下男主人就回來了，見一個陌生男人躺在自家床上非常氣憤，質問說：「你躺在我老婆的床上幹什麼？」建築師戰戰兢兢的回答：「我說是在等火車，你會相信嗎？」看，並不是所有事實都可以讓人理解。

很久很久以前，眞實和謊言在河邊洗澡，謊言先洗好，穿了眞實的衣服離開，眞實卻不肯穿謊言的衣服，從此，人們寧願相信穿著「眞實」衣服的謊言，卻很難接受赤裸裸的眞實。謊言都是美麗的，而眞實卻是醜陋的，有些時候男人的謊言是爲了保護妳不受傷害。如果男人對妳說了謊，只要不是原則性的、道德性的問題，不妨一笑而過裝個糊塗，因爲有時候知道眞相妳未必能解脫，刨根究底也未必能得到妳想要的結果。

2.他的吹噓

男人發了一千的獎金，他會對老婆說只發了五百，而對朋友說發了一千五。前半句是謊言，後半句是吹噓。

心理學家馬斯洛曾經列出「人的五項基本需要」，其中「發揮自我潛能」被列入最

高級，凌駕於生理、安全感、社交和尊重之上。吹噓就是男人把「發揮自我潛能」加以意淫的一種表現。在男性聚會中永遠不變的話題就包括女人和吹噓，這是男人圈裡的思維定勢。男人誇大自己各方面的能力來滿足自己心理上渴望獲得某種成就感的需求。適當的吹噓可以讓他維持對自己的認可和對生活的熱情，不要諷刺他說得比唱的好聽。當然，如果這種吹噓已經達到做白日夢的狀態，就非遏制一下不可了。

3.他的臭毛病

說起男人的臭毛病可是眞不少呢，首當其衝的就是懶惰。懶惰這個事兒要看他是哪個方面懶，如果是工作生活上都懶，勸妳一開始就不要靠近他，除非妳就是想找個人來獻愛心；如果是工作上懶惰沒有事業心，那妳跟他在一起要接受他一生碌碌無爲的現實，這種男人沒有進取心，沒能力給妳創造好的經濟條件，也懶得去爲明天努力，如果妳不喜歡這類男人，談戀愛的時候就應該對他敬而遠之，如果當初不介意，那日後也別喊苦，人是妳自己選的。如果單單是生活上比較懶惰，妳倒是可以睜一隻眼閉一隻眼。男人心裡有個小孩子情結，可以激發女人的母性，他們喜歡被心愛的女人寵著、照顧著的感覺，即使被罵兩句，揪幾下耳朵也覺得很値得。所謂家庭的溫暖，說得惡俗點就是他回家有個女人做好了飯等他吃，他上網有個女人捧著水給他喝，他的髒衣服有個女人細心的洗乾淨、疊整齊給他預備著，他要睡覺床上有個女人給他觸手可及的溫暖。生活這個話題說起來很大，其實又很小，上至達官貴人，下至平民百姓，逃不過衣食住行這幾樣。男人懶，妳就順著他，讓他把精力都用在打拼上也好，反正打拼的未來也有妳的一半。實在看不過的可以先把他哄高興，再讓他幫妳做點事，男人架不住兩句奉承話，只別對他大吼拼嗓門就好。

其他的還有什麼吸煙喝酒、臭襪子亂扔、把腳擱在茶几上、摳腳趾挖鼻孔、上廁所不掀馬桶蓋……這是九〇%的男人都有的毛病，別看很多男人一個個衣著光鮮紳士似的，回到自己家也就原形畢露了。要改掉他們的這些毛病，可比教一隻貓使用貓砂困難多了。除非妳想孤獨終老，否則就認了吧。

男人的多情本也不算什麼大的毛病，可放在婚姻裡就是女人最不可容忍的事情。但是這個社會太浮躁，男人越來越不安於婚姻，尤其是那部分解決了溫飽問題生活無憂的男人。古人說得好啊，「飽暖思淫欲」，一個掙扎在生存線上的男人是沒功夫沒力氣也

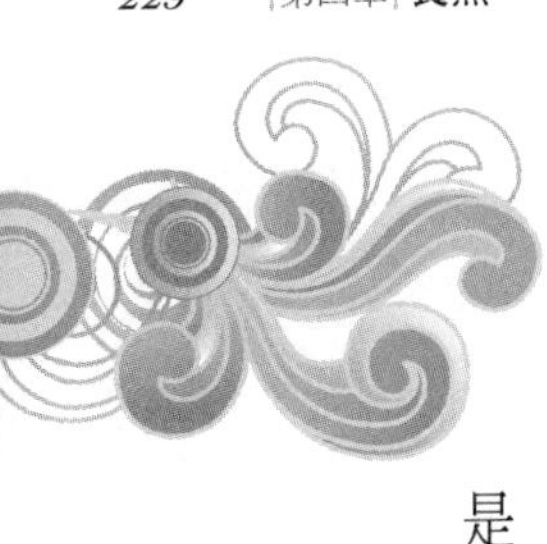

沒心情去找什麼靈魂伴侶的，可是這樣的男人也不是我們想要的。當妳的男人在婚姻之外遇到了讓他再次心動的小情人，當他在另外女人的身上又找回了心動和觸電的感覺，一句話，當妳的男人出軌了，妳該如何應對？

先來看看男人出軌時，或即將出軌時會有什麼表現，才能防微杜漸，防患於未然。

1.**忽然變忙碌**。他原本規律的工作忽然需要加班，客戶和朋友的應酬也忽然增多，如果這些不是他跟妳講的實話，那他這些時間的去向就很可疑。

2.**忽然開始注意形象**。如果妳的他本來就是個對形象精益求精的人還比較容易理解，可如果他平時都不修邊幅，忽然有一天開始把鬍鬚剃乾淨噴香水抹慕絲，那妳最好注意一下他的動態，看他是否爆發第二春。

3.**接打電話鬼鬼祟祟**。外表鬼鬼祟祟的人肯定心裡有鬼，俗話說相由心生。如果他不再當著妳的面講電話，而是跑到陽臺浴室，回來後還神情慌張的補一句「一個朋友」，如果他在家時來電和簡訊提示都改成震動模式，如果他回個簡訊還要瞄一眼看妳是否在注意他……那麼聽好了，他肯定有什麼事情在瞞著妳。

4.**電話費和日常消費猛增**。他如果有新的約會，煲電話粥是要花錢的，玫瑰小禮物是要花錢的，燭光晚餐看話劇看電影是要花錢的，這一切都會在消費上表現出來。

5.**妳追問他的行蹤時，他表現得很不自然**。當然我們都理解，編假話也是需要時間和練習的，不是任何人都有當演員的潛質。

6.**不再關心妳**。他不再吃妳的醋，不再讚美妳，妳在他眼裡的毛病越來越多，妳的一舉一動他都覺得不耐煩，甚至妳對他的關心他也表現得不厭其煩，這時候，即使不是出軌，他對妳的感情也已經出現了問題。

7.**夫妻生活開始懈怠**。性生活是維繫夫妻感情的一個重要方面，如果他開始以種種理由逃避，說什麼他最近工作比較累、壓力比較大、情緒比較差等等，當然他也有可能是眞的遭遇了生理週期，但如果超過一個月都維持這種情況，而他又沒有什麼實質上的身體病變、工作變動、經濟壓力，那麼肯定是感情有了變動。

男人出軌，女人應該怎樣應對呢？最傻的辦法就是一哭二鬧三上吊，女人遇到這種事情一般都比較崩潰，對生活的希望和對婚姻的信心會在瞬間崩塌，對一切都開始懷疑、失去興趣。妳想想一個不修邊幅、目光無神、對男人只剩下憤恨和抱怨的黃臉婆如何能敵過溫柔體貼的新人呢？如果妳也已經不愛這個男人，如果妳覺得眞的無法再面對

他和他帶給妳的傷害，那不如和平分手，藉著他對妳的歉疚多給自己爭取一點物質利益，如果沒有了愛，能用很多錢來補償也好過兩手空空，這個時候要脫俗的高姿態完全沒必要。如果妳還愛這個男人，如果妳想繼續維持這個婚姻，妳怎麼能把處於懸崖的男人拉回家庭，拉回妳的身邊呢？

1.**要理智**。雖然大家都知道在這種情況下保持理智很困難，但妳還是應該儘量做到這一點，因爲不理智情況下的言行，很容易對彼此造成更大的傷害，造成更大的裂隙，導致不可挽回的局面。男人出軌，雖然是感情的背叛，但不一定就導致婚姻破裂，他們這樣做有很多是源於雄性動物的花心本性，吃著碗裡的看著鍋裡的，而不是存心要破壞掉自己的婚姻，大部分男人並不想顛覆掉現有的生活，大部分的出軌如果處理得當都可以轉危爲安，甚至成爲促進感情讓婚姻更牢固的一個契機。讓他知道這個家庭對他而言才是隨意又安全的，他才會放棄該放棄的。

2.**要反省**。婚姻出現狀況很可能並不是一個人的錯，雖然他出軌絕對是他的錯，但並不表示妳就一點責任也沒有。靜下來反省一下婚姻的不足，他當年喜歡妳的小鳥依人，妳現在是不是更接近河東獅吼？他當年喜歡妳的善良單純，妳現在是不是整天都催著他賺錢往上爬?他當年喜歡妳崇拜的望著他的眼神，妳現在是不是總在指責他的不足?想清楚這些，妳心裡的憤恨就會平息一點，男人是透過犯錯來成長的，妳要用自己的寬容來感化他，生活的河流會在暗礁上激起旋渦和水花，但依然會按其應有的軌道發展下去。

3.**如實說出妳的想法，不要說氣話**。很多女人明明很傷心，很不願意失去這個婚姻，明明還愛這個男人，但因爲氣極而口不擇言，什麼難聽的絕情話都說了。什麼「我再也不想看到你」、「滾，我永遠都不會原諒你」、「我當初瞎了眼才會跟你在一起」，這些話雖然洩憤，但完全於事無補，起不到一丁點積極的作用，男人僅存的一點愧疚也會因爲妳的謾罵而消失，剩下的只有厭倦，讓他離妳越來越遠。當妳還希望這個男人回頭的時候，要給他找個臺階下。

4.**不要用相同的辦法來報復他**。人在盛怒之下什麼事情都做得出來，有些女人覺得無論怎樣的方式都不能解心頭之恨，於是選擇了報復，想讓他嘗到同樣被背叛的滋味。可是這是一把鋒利的雙刃劍，會讓彼此都傷痕累累。這樣互相傷害著的兩個人，即使還有一點愛存在，也不可能回到以前的日子了。

5.**不要沒完沒了的糾纏**。不原諒但是也不放棄，就是拼命拖著，想著我不舒服也不讓你好過。把自己變成潑婦、怨婦，當初有多愛現在就有多少折磨，而得到的卻是他越來越疏遠的心。時間久了，人們只會看到妳日復一日的無理取鬧，反倒會忘記他當日的背叛，或者覺得正是因爲妳的缺陷才導致他的背叛。這是最不明智的做法，陪上自己的清白，卻替別人背了黑鍋。

6.**讓自己活得更光鮮**。男人出軌很大的一個原因是，身邊的女人對他已經沒有了最初的新鮮感和吸引。這時候妳一定不能自暴自棄，去換個新髮型，買件新衣服，煥然一新的出現在他面前，先讓他從視覺上找回眼前一亮的感覺，然後約好自己的朋友，該逛街逛街，該看電影看電影，不要讓他覺得妳沒了他就很淒慘的樣子。男人有時候很賤，妳天天追著他他會嫌煩，妳對他若即若離，他反而慢慢又覺得妳的好，懷念起過往的日子，這時候他的心就會悄悄往妳這邊傾斜了。

7.**不要永遠擺著救世主的姿態**。有些女人成功的解決了家庭危機，拯救了自己的婚姻，從此對男人一副救世主的樣子，希望男人對自己感恩戴德。沒有哪個人希望背負著沉重的道德包袱過日子，妳時時提醒他的過失和妳的寬容，讓他即使想跟妳重新開始都不可能。眞正的寬容是雨過天晴，不要總是晾曬舊傷疤，以全新的心態去經營以後的日子，才能越過挫折，有個好的結局。

小默，二十九歲，雜誌編輯

小默一直覺得自己很幸福，她和李朗的婚姻平和甜蜜，彷彿一眼就能看到幾十年後白髮蒼蒼還執手相望的情形。然而有一天，小默忽然發現李朗開始注意打扮了，對著鏡子換好幾條領帶才能出門，眼睛裡也似乎有了不一樣的神采。問他，他只說最近公司有幾個接待活動，小默也沒有在意。後來小默和朋友一起去餐廳吃飯，剛進門，朋友就很驚訝的指著前面的人說：「那不是妳老公嗎？」小默順眼看過去，前面的人果然是自己老公，只是還牽著一個年輕女孩子的手。

小默頓時感覺五雷轟頂，強迫自己冷靜下來，嘴裡親熱的喊著「老公」，逕直往他倆走過去，故意沒有理睬李朗身邊的女孩子，挽著他的胳膊說：「老公，好巧啊，你也在這裡，過來跟我們一起吃吧，已經訂好位子了。」李朗還沒有反應過來就被小默拉到一邊，那個女孩子驚魂未定之下站了一會兒，也尷尬的閃到一邊。裝作若無其事的吃完飯回到家，小默盯著李朗的眼睛說：「你去跟她說還是我去跟她

說？」小默問得很聰明，沒有給他解釋的機會，也不給他留迴旋的餘地，很明確的讓他知道，在這個關係裡，他應該放棄誰。於是李朗停頓了一下說：「我去說。」

第三節　相濡以沫的美麗謊言

長久以來，我們習慣用「相濡以沫」這個詞來形容兩個人的情投意合，相互依偎，卻不知是自覺還是不自覺的忽略了原文，斷章取義。這個詞出自《莊子．大宗師》：「泉涸，魚相與處於陸，相呴以濕，相濡以沫，不如相忘於江湖。」意思是泉水乾涸後，魚兒受困於陸地的小窪，互相以口沫滋潤對方。這樣的情景當然令人感動，但這樣的生存環境和狀態是不能持久的。對於魚而言，「不如相忘於江湖」，水終於漫上來，回歸各自熟悉的水域自由遊弋，才是最適宜的。相濡以沫有時是情到濃處的不能自禁，有時卻是爲了生存的必要或無奈；而相忘於江湖則是一種境界，可以坦然的放手，不糾纏不拖遝，讓彼此可以更自在的活著。

許多婚姻在締結之初看起來都那麼美好，幾乎每一對新人都對以後的日子充滿了憧憬和期待，以爲明天肯定會更好，以爲會有很長很長的相守，然而事實是，在日復一日的消磨中，我們之間的感情沒有變得更加濃厚，反而很可能彼此越來越厭倦了，甚至到了不能容忍的地步。經常能聽到結婚多年的夫妻這樣感歎：「天啊，我眞不知道當初看

中他哪一點?直到現在他還是一事無成。」或者「眞沒想到她居然會變成這樣，肥胖、嘮叨、市儈，而且一點都不溫柔了。」其實這些都可以歸咎於「七年之癢」這個範疇，戀愛時不論男人女人都會自覺不自覺的把自己比較好、比較積極的一面展現給對方，而結婚之後呢?釣魚的已經收魚入簍，魚兒也長期在一個被溫水煮的環境裡變得遲鈍，大家的心理都會鬆懈下來，醜陋的眞實部分就漸漸浮出水面，男人女人都不再是當時吸引對方的那個模式。

專家已經研究過，人類的愛情保鮮期最多也只有三十個月!這是美國康乃爾大學教授哈贊，在臨床心理學家多羅瑟的協助下進行醫學測試後得出的結論，期間調查了不同教育程度的五千對夫妻。超過這個期限，我們在戀愛時期的什麼觸電感、緊張感、激動心跳就統統不再出現了，變成了左手摸右手的麻木。在偉大的時間面前，彼此的優點被逐步漠視而缺點則被誇張的放大，兩個已經互相厭惡的人被捆在一個婚姻裡，成就了那句由來已久的話——婚姻是愛情的墳墓。

每年的八月三十一日，英國舉國紀念一位美麗的女人，她就是被稱爲「英倫玫瑰」的戴安娜王妃。在一九八一年的七月二十九日那天，倫敦是一片歡樂的海洋，人們見證了童話裡王子和公主的世紀婚禮，戴安娜王妃穿著七米多長的大拖尾婚紗，在聖保羅教堂與查爾斯王子許下「互愛、忠實、珍惜」的結婚誓言。而十六年後，在一九九七年九月六日，英國爲戴安娜舉行了同樣舉世矚目的葬禮。戴安娜，這個集美貌、善良、優雅於一體的女人，在一場車禍中香消玉隕，只留下她婚姻裡的那些甜蜜、爭吵、背叛，被無數的人津津樂道著。如果僅僅從王儲和王妃的身份看，他們當然是最適合彼此的，戴安娜年輕漂亮、出身貴族，她的家族與王室相熟，她本身感情純潔是個處女，讓媒體找不到任何污點，而且英國王室需要透過迎娶這個當過幼稚園保育員的女子來拉近與人民的關係。

然而如果從單純男人女人的關係看，他們的結局又似乎是在意料之中。查爾斯王子身爲王位繼承人，接受的是正規的傳統教育，大學畢業後還先後進入英國皇家空軍學院、英國皇家海軍學院、格林威治海軍學院深造，他的愛好也是符合身份與教養的：打獵、釣魚、馬球、歌劇、繪畫、哲學、園藝。而戴安娜顯然與查理斯有著很大的差異，她沒讀完中學，喜歡時尚雜誌和流行音樂，喜歡跳舞。婚姻短暫的蜜月期之後，他們的問題沒能逃過媒體的閃亮眼睛，戴安娜忍受著王室的諸多規矩，而查爾斯和整個王室都

擋不住她的光芒，這與內斂低調的王室是格格不入的，尤其是在他們之間還有一個卡蜜拉。他們開始爭吵，最後分居、離婚，直到戴安娜去世，他們曾經的童話婚姻徹底變成了一個墳墓。

對於大多數家庭來講，維持住一個婚姻的形式依然是非常重要的，即使他們彼此厭倦和抱怨，但是很多人既不願意又不敢去破壞這個關係，也懶於或者是根本沒想到去改善這個關係，就一年年眼看著自己的婚姻成了雞肋。他們不知道的是，儘管他們在延續相濡以沫的誓言，卻最終只能傷了自己，也傷了對方。

魚兒最理想的狀態當然不是困在隨時有可能乾涸的小水窪裡，牠應該在廣闊的江河湖泊裡自由游動。在小水窪裡守著另外一條魚，也許牠心甘情願，但水和氧氣等生活資源的日益緊缺，必然會讓牠感到焦慮和恐慌。人也是這樣，如果長期處在不快樂的壓抑狀態之下，健康會受損，精神也處於壓抑狀態。水窪裡的生活不可能成爲常態。水窪裡的水是有限的，也許能堅持一天兩天，但時間再長了呢？妳再相愛再捨不得又如何？人和動物一樣，物質決定精神，首先要活下去，然後才能談感情談理想。人不喝水可以堅

持七天，魚沒有水呢？

相濡以沫未必是眞的因爲相愛，也許只是一種無奈的生活方式。因爲自身的局限或者現實的狀況，沒有能力創造更好的生存環境，沒有能力讓彼此生活得更舒服，一旦分開也許活下去的概率更小，只好用嘴裡的水沫互相濡濕，形成一個相對固定的生活模式。《遣悲懷》其二曰：「昔日戲言身後意，今朝都到眼前來。衣裳已施行看盡，針線猶存未忍開。尙想舊情憐婢僕，也曾因夢送錢財。誠知此恨人人有，貧賤夫妻百事哀。」雖然有人很灑脫的說能用錢解決的問題就不是問題，但如果妳沒錢，這些不是問題的問題就會成爲困擾妳生活、影響感情的大問題。

「不如相忘於江湖」也許是魚兒最好的結局，下一場大雨解救衆生，牠們重回江湖，即使從此誰都不記得誰，也好過一起困死在小水窪裡。人的命運選擇還多一些，如果兩個人夠努力，上天也夠眷顧，就終會跳離困境，哪怕是跳到小溪小河裡，也就不需掙扎在生存的邊緣。如果一方離開另一方後可以獲得更好的發展，我想大部分人會做此選擇，畢竟生存是第一位，也許離開的一方還會鄭重的承諾——等我回來。如果雙方都沒有改變現狀的能力，那也只能在水窪裡耐心的等，日復一日的煎熬終於會困死愛情。

哪些情況屬於雞肋婚姻呢？

1.已沒有激情

過日子當然不能只靠激情，但兩個人之間如果完全把愛情轉化成了親情，再找不到一丁點兒興奮和衝動，波瀾不驚的日子安穩是安穩，卻也總覺得有那麼一點缺憾。

2.夫妻長期分居兩地

婚姻是什麼？婚姻是兩個相愛的人爲了能穩固長久的在一起生活，而達成的一種契約關係。婚姻讓兩個本來毫無關係的人成爲最親密的伴侶，讓兩個原本獨立的人共同組成一個家庭。如果夫妻長期分居兩地，那婚姻的意義何在？得不到伴侶的擁抱愛撫，正常的生理心理需求得不到滿足，住處只是一所房子而不是一個家。這樣的關係是很脆弱的，孤獨的人最容易受到外界的誘惑，從而危害到婚姻。

3.沒有正常的性生活

夫妻之間，特別是結婚多年的夫妻之間，沒有正常性生活的情況其實並不少見。造成這種情況的原因有很多，譬如一方性功能障礙，譬如一方性冷感，譬如工作太忙家務太累等等。性是成年人一種正常的生理需求，它像渴了要喝水餓了要吃飯一樣，一方如果在這方面長期得不到滿足，會出現注意力不集中、易燥易怒、挑剔、焦慮等負面情緒，影響家庭和諧。

4.在婚姻裡得不到自己想要的

這種情況多出現在爲結婚而結婚的人群中，當初拿結婚像完成任務一樣來對待，急匆匆找個人湊成一雙，沒來得及深入瞭解，討論婚後規劃，結果婚後才發現一大堆的問題等著妳：妳想要孩子，對方卻堅持做頂客；妳想買房子，對方卻要和老人一起住；妳想養隻小貓，對方卻對貓毛過敏；妳想假期去旅遊，對方卻要求妳上個烹飪班……現在妳發現了，妳在這場婚姻裡永遠得不到自己想要的東西，是不是很抓狂呢？

5.某一方或者兩方出軌

因爲種種原因，已經締結了婚約的兩個人，還有可能做出某些背叛婚姻的事情，不論是身體出軌還是精神出軌，都屬於實質上的背叛。很多家庭因爲它而分崩離析，也有的人出於各種考慮還依然在一個屋簷下生活，但雙方的關係已經是很難彌補的了。

6.雙方志不同道不合

男人女人的差別有多遠？遠到一個是火星人一個是金星人。知道了這個，妳也就不

難理解爲什麼婚姻中的雙方總是一個往東一個往西，雞同鴨講對牛彈琴了。人的個性可以分爲互補和相似兩種，這兩種情況都會引起互相的興趣和吸引，但如果單純從搭伙過日子的角度分析，相似好過互補，可以省去很多的磨合和爭吵。如果夫妻雙方一個勤儉節約一個鋪張浪費，一個嚮往田園生活一個夢想周遊世界，一個希望老了之後安享天倫一個希望無牽無掛的生活，這樣毫無交集的兩個人硬塞在一個屋子裡，怕是時時處處都有矛盾。

相濡以沫，不如攜手入江湖

1.愛情需要雙方的經營

做學生的時候我們知道要努力用功，不然就考不了好成績；做員工的時候我們知道要拼命工作，不然就不能升職加薪。偏偏在最重要的愛情上，偏偏在爲人妻爲人夫的地位上，人們往往忽略了愛情不是一勞永逸的，需要小心呵護細心經營，才能一直帶給妳快樂和欣喜。怎樣才能保持愛情的良好狀態呢？

愛要說出來。有些人認爲我們都已經成爲一家人了，我愛不愛你還需要掛在嘴邊上嗎？愛情的發展，是一個不斷質疑然後不斷確認的過程，不是說妳在結婚那天說了「我們生死相依不離不棄」就完事了。在今後的生活裡，對方還需要從行動、態度、言語去得到確認。一句我愛你，很簡單，卻能夠讓對方瞭解自己的心意，鞏固彼此的感情，何樂而不為呢。如果妳覺得說出來很怪異很誇張，也可以寫在給對方的留言、簡訊裡，總之就是要讓他看到聽到覺得心裡熱乎乎、暖洋洋的。

愛要做出來。眞正的愛，從一舉一動裡面都能流露出來。早上起床時一個甜蜜的吻，晚上回家後一個溫暖的擁抱，生日和結婚紀念日時的禮物和祝福。只要妳用心，任何一天，任何一件事都可以是促進你們感情的好機會。

2.儘量多和對方在一起

時間和距離是愛情的殺手，如果可能，在留給對方足夠自由空間的同時，盡力創造兩人在一起的機會。可以一起做的事情就儘量一起做：一起做飯，一起散步，一起看電影，一起洗鴛鴦浴。

至於分居兩地的夫妻，除非妳有很明確的規劃，並且確定兩個人都認同這個規劃，不然還是儘快結束分居吧。工作上鍛煉升遷的機會也許很難得，但因為這個而影響到兩

個人的婚姻還是有些不值得。

3. 保持正常的性生活

性是維持正常婚姻關係的一個紐帶，俗話說「夫妻吵架，床頭吵床尾和」也就是這個意思。如果一方有性功能障礙和性冷感（性功能障礙的多是男方，性冷感的多是女方），不要覺得不好意思或心理上不能接受，而不去看醫生。妳覺得很大的問題也許在醫生那裡只是小菜一碟，如果一直拖著，對方會有不滿情緒，妳自己也會煩躁壓抑。另外，女人不要把性愛當作懲罰的工具，如果妳拿這個來要脅、懲戒他，他很容易就會對妳產生反感，到時候他透過其他管道解決，妳可不要後悔哦。

4. 婚姻裡要懂得妥協

婚前一定要互相瞭解清楚，特別是一些原則性的問題，不要心存僥倖。結婚之後呢，就不要再執著於妳一個人的想法，妳必須知道婚姻是兩個人的，沒有任何一方應該無條件的順從另一方。最好的方式是找到兩個人都能夠接受的折衷辦法，每個人都試著放棄一部分自己的堅持，試著接受一部分對方的想法，求同存異才能共同發展。

5. 給彼此一次改過的機會

出軌的問題是比較棘手的，它會給對方帶來比較大的困擾和傷害。人們往往認爲自己比較寬容，等事情發生到自己身上了，才發現原來也是眼裡揉不了沙子。放棄吧，放不下多年的感情，繼續吧，又實在不能當做什麼都沒發生過。這時候認眞的問一下自己的心吧，如果妳很愛他，依然願意和他一起生活，如果他當時的狀況情有可原，並且誠心懺悔，那不妨給彼此一次重新開始的機會。百年修得同船渡，千年修得共枕眠，兩個人能走到一起總是不容易的，不要因爲一方的一時糊塗而非要把他踢下船。當然這機會給一次就足夠了。

6.**學會欣賞對方**

當妳發現對方行事爲人的作風與妳南轅北轍，與其處處看不慣與他爲難，不如學著去欣賞對方。任何事情都有兩面性，人也是這樣，沒有絕對的對或者錯，只是大家的選擇不同而已。既然已經處在同一個婚姻裡，再去挑剔指責爲時已晚，學著去欣賞對方，也許會讓妳發現他更可愛的一面。

相濡以沫只是一個美麗的表面，兩個人相處最好的模式是在彼此都舒服的環境下，

以最眞實最自然的狀態，輕鬆自在的愛著，不是因爲別無選擇而在一起，而是因爲認可對方是最好的選擇；不是因爲空間太小才依偎在一起，而是因爲渴望對方的溫度；不是因爲分開就難以活下去，而是因爲在一起才能更快樂更幸福的活著。

第四節　跟魚學游泳

妳是不是曾經感歎：本以為上鉤的是條漂亮的大魚，釣上岸才發現是條貌不驚人的小魚。現實總是不如想像完美，然而人不能在想像裡生活，不如勇敢接受現實吧，接受被妳釣上的這條魚，換個心境去看，也許妳會發現——所有上鉤的魚都很美。

瞭解男人的思維和表達方式

我們都知道男人和女人不管是從心理還是生理都有著天壤之別，卻還是會抱怨他為什麼就不明白我的心呢？他為什麼會把事情越弄越糟呢？男人和女人之間的矛盾，很多時候並不是因為感情出了問題，而是因為彼此的思維方式和表達方式實在是牛頭不對馬嘴，在理解和溝通上出了偏差。

女人通常無法忍受兩個人在一起時的靜默，所以她就嘮叨，把天上的地下的朋友的鄰居的聽來的看來的統統說一遍。女人有傾訴的欲望，嘮叨對女人而言是一種放鬆一種

交流，她說了些什麼也許並沒有什麼意義，她也沒有什麼特別的意圖，只是要分享而已。而男人呢？他們喜歡靜靜的一個人思考問題，如果這個時候妳不給他空間，還纏著他問「你爲什麼都不說話呢？」「你在想什麼？說來聽聽啊。」他就會因爲妳打斷了他的思考而煩躁，如果妳還繼續喋喋不休的在他耳邊嘮叨些東家長西家短，那就相當於火上澆油了，很多家庭裡莫名其妙的爭吵都是這樣引起的。

女人說公車太擠家務活兒太多，無非就是希望表演得楚楚可憐換來幾句男人嬌寵的話，男人呢？聽到這話的反應就是公車那麼多人乘、家務活人人都做，怎麼就妳受不了，找碴吧。女人說隔壁鄰居又吵架呢，那家女主人擰著男人的耳朵擰到門口了，她的意思其實是：「你看，還是我好吧！對你和和氣氣溫柔體貼的，你可要知足哦！」可男人聽到這話就渾身不爽：「怎麼妳也想有樣學樣鬧翻天嗎？那男的公開養情人妳又不是不知道。」女人說：「你看，自從嫁給你我的手都粗糙多了，買衣服鞋子也節儉多了呢！」她的本意是：「你看我多愛你，跟你在一起苦一點累一點我都不計較，你可一定要對我好哦！」但是男人聽到這話就覺得女人是在抱怨，埋怨他沒能力讓她過更好的生活，自尊心受損的男人一急之下脫口而出「那妳去找個能讓妳錦衣玉食的人好了」，女人就更委屈了，我對你這麼好你居然這樣說我，太冷酷了，你是不是已經不愛我了？你心裡是不是有別人了……就這樣，一次閒聊順利升級成一次家庭大戰。

女人是感性的，她強調精神上的心有靈犀。但是萬能的神啊，妳真的相信妳什麼都不說什麼都不做，就憑一個眼神能讓別人理解妳的意圖嗎？男人是偏理性的，他注重事實和證據，虛無縹緲的東西他想都懶得去想。表達方式上，女人比較委婉而男人比較直接。就比如男女互吐愛慕之情時，男人會對女人極盡讚美，說她是他心中最美麗最溫柔最可愛的姑娘，而女人呢？會害羞的嬌嗔：「你好壞哦。」男人的思維是邏輯性的，而女人的思維是發散性的，男人從石油漲價聯想到股市漲跌，女人從石油漲價聯想到女人的漂亮服飾。男人和女人到底會有多少差異呢？

女人煩躁的時候逛街吃零食，男人煩躁的時候抽煙喝酒。

男人考驗女人的辦法是遠走高飛，女人考驗男人的辦法是約會遲到。

女人說「你好討厭哦」是說你很可愛，男人說「妳怎麼這麼討厭」是眞的覺得妳討厭。

女人戀愛時心中滿是溫柔，男人戀愛時心中滿是渴望。

婚前男人怕失去女人，婚後女人怕失去男人。

男人結婚後眼裡都是漂亮女人，女人結婚後眼裡卻只有他一個。

男人希望做女人的第一個男人，女人希望做男人的最後一個女人。

離婚的時候不要財產的男人一定是心有愧疚，離婚時分文不取的女人一定是心懷坦蕩。

男人賺得比女人多，女人很滿意；女人賺得比男人多，男人很惶恐。

男人說謊是一種習慣，女人說謊是一種需要。

男人判斷靠證據，女人判斷靠直覺。

女人的青春是一種資本，而男人的資本是經歷。

女人喜歡占小便宜，男人喜歡占女人的便宜。

兩人在車裡吵架，如果是女人開車她會猛踩剎車，如果是男人開車他會猛踩油門。

女人不經意流露感情，男人刻意隱藏感情。

女人與閨中密友無所不談，男人與最好的朋友是有所談有所不談。

眼淚是女人的武器，是男人的滑鐵盧。

男人遇事喜歡講道理，女人什麼道理都明白但就是不講理。

男人和女人的不同說一天都說不完，既然有如此多的差異，那麼偶爾出現交流上的問題和溝通上的障礙其實也是很正常的事情了。女人性柔，男人性剛，與其這樣互相折磨下去，女人不如向男人學習一下，嘗試用他們的思維去與他們交流，這世界就會清靜多了，具體應該怎麼做呢？

1.不要總是問他愛不愛妳，男人的愛是從行動裡表達出來的，妳用心體會就能夠知道答案，不用非逼著他說出來。

2.他想靜靜待著的時候，就讓他一個人待著，妳對他的關心這個時候是多餘的。

3.儘量少說會讓男人敏感的問題，譬如誰家老公高升啦誰家老公加薪啦。

4.撒嬌的時候不妨也直率一點。「人家做飯好辛苦的，怎麼獎勵我呀？」「你看你臉板得像塊木頭，過來給我調戲一下。」

5.妳有什麼希望和要求不妨直接告訴他，別讓他捕風捉影的猜。

6.給他足夠的信任，不要質疑他的能力。

7.男人下班回到家，給他一個微笑和擁抱好過妳的嘮叨。

8.如果他記錯了妳的生日，記錯了就是記錯了，他沒把妳想成其他女人。

9.如果他忘記了你們初次相遇、初次牽手、初次接吻的日期，不代表他不再重視妳。

10.他說妳變胖了，只是在陳述這樣一個事實，不表示他開始嫌棄妳。

11.吵架時不要動不動就提分手，妳提多了他會以爲妳眞的打算分手，並做好這樣的準備。

12.就事論事，不要把隔年的舊恩怨也翻出來，他會不勝其煩。

13.偶爾哭一次那叫梨花帶雨，經常哭那就是太脆弱不成熟。

14.兩人出現矛盾形成僵局，妳不妨先擺低姿態來化解，有時候男人即使知道自己錯了也不肯放下身段承認。

15.如果男人誇妳穿這件衣服很好看，他可能是在奉承或者敷衍，可如果他說妳穿這件衣服很難看，那肯定是眞的很難看。

16.男人如果身體出軌了，告訴妳他心裡還是愛妳的，那可以考慮原諒他一次，因爲男人眞的是可以把愛與性分開的。

17.如果妳對他有所懷疑，不要翻他的日記查他的手機，不妨坐下來，以朋友的心態和他談談。

18.提要求時要具體，不要太籠統。譬如不要單純說「你要對我好」，男人不會明白要怎樣做才算是對妳好，妳得細細的列給他：回到家給一個擁抱、每週最少準備兩三次早餐、下雨時負責接送、睡前熱一杯牛奶等等。妳列得越細，你們之間的誤差就越小。

如何去愛他

在千萬人之中，你們選擇了彼此，這就是一種難得的緣分。然而相愛容易相守難，多少相愛的情侶因爲不懂得怎樣去珍惜對方而最終走到散場。遇到一個好男人，他愛妳理解妳，願意和妳一起去面對漫長人生中的風雨，願意盡他所能去呵護妳，這樣的男人，值得妳付出同樣的心血去對待，究竟該如何去愛一個好男人呢？

1.不要背叛他

這是最基本的要求，是對兩個人的感情最起碼的尊重。單身時妳可以有很多選擇，可以在幾個男人裡挑來揀去，但既然結束了單身生活，就要對身邊的男人專一，不要這

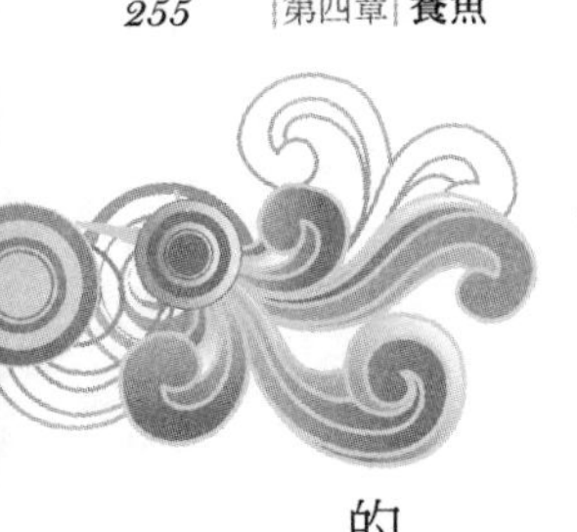

山望著那山高，吃著碗裡的想著鍋裡的。被自己深愛的人背叛是件很殘酷的事情，對男人而言更是最痛苦的恥辱。背叛可以毀了一個人對於愛的信任，對於男人也是如此。

2.投其所好

人際來往裡投其所好是永遠都不會出錯的方式，當下屬的拍拍上司馬屁就容易得到上司歡心，跑業務的奉承客戶幾句，說不定就能多拿一張訂單，那對自己的老公呢？妳把他哄好了，得到的會是他一輩子的愛和一個美好的家庭，這絕對是一項值得花大力氣的投資。要投其所好首先得弄明白男人為什麼愛妳？他有那些愛好？如果他愛妳的漂亮，妳就多保養自己，讓他覺得賞心悅目；如果他愛妳的溫柔，妳就多順從他；如果他愛妳的獨立，妳就不要處處依賴他；如果他愛妳的優雅，妳就不要當著他的面修腳剔牙；他喜歡看球，妳就準備好零食水果陪他一起看；他喜歡踢球，妳就在場邊做他忠實的啦啦隊。

3.多鼓勵少抱怨

一個整天都在抱怨的女人是很可怕的，生活在她身邊的男人毫無疑問是壓抑和煩躁的。有很多人一刻不停的在抱怨，上學時嫌老師教得不好嫌試題太難，找工作時抱怨畢

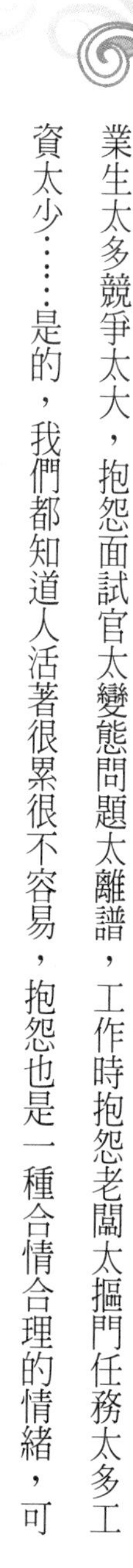

業生太多競爭太大，抱怨面試官太變態問題太離譜，工作時抱怨老闆太摳門任務太多工資太少……是的，我們都知道人活著很累很不容易，抱怨也是一種合情合理的情緒，可抱怨不僅解決不了任何問題，有時候還會讓問題惡化。

男人有時候就像是小孩子，妳鼓勵一下他，他的豪情壯志就上來了，妳抱怨他，他就覺得自己的努力都白費了，得不到認可。男人只要有爲這個家負責、爲妳負責的心就好，至於能做到什麼程度，和他的能力有關，也和運勢有關。如果他盡了八分的力，妳的鼓勵會激發他把另外兩分力也用上，可如果他已經盡了十分的力還是不能讓妳滿意，妳的抱怨就會讓他覺得自己再做什麼都沒有意義。

一個從不下廚的男人爲了給妳一個生日驚喜，親自下廚做了一桌飯菜，即使味道很差，妳也應該興高采烈的擁抱他，而不是埋怨他浪費了材料還把廚房搞得一團糟。

情人節男人送妳一束玫瑰，而妳心裡面想要的是一條漂亮項鏈，這時候也要謝謝他還有這份心意，而不是抱怨他結婚了還買如此華而不實的東西。

男人出差回來送妳一件衣服，如果不幸肥了或者瘦了，不要怪他記不住妳的尺碼，而要給他一個甜蜜的吻，說：「這幾天我變瘦（胖）了。」或者是：「這個牌子的衣服

碼數標得比較大（小）。」

記住，男人為妳做的事，不管是否合妳的心意，不管結果是好還是壞，都要以鼓勵為主，透過這些事情看到後面他愛妳的心，這才是最重要的，不要用抱怨把男人想要對妳好的心都打擊回去。如果他做什麼都不能讓妳滿意，那他以後就什麼都不做了。

4.給他足夠的信任和面子

當他面臨新的挑戰或者有新的想法時，妳是相信他會做得很好呢，還是擔心他會把一切都弄糟？有一位妻子，嫌棄老公做行政工作沒有發展沒有「錢途」，後來老公說那我辭職跟朋友合夥做生意吧，妻子說你以為做生意很容易啊，一點經驗都沒有，辭了這麼穩當的工作得不償失。老公想了想又說，那我一邊工作一邊投資股票證券吧，朋友裡有幾個人在做收益還不錯。結果妻子還是反對說風險太大還不如就在銀行存著呢。再然後呢？再然後這個老公就很鬱悶了，說維持現狀妳嫌沒前途，我要改變呢妳又對我沒信心，妳想怎麼樣呢？

其實一個成熟的男人如果決定做一件事，他必然是經過了深思熟慮和前期考察的，不要太小看他的智慧和能力，要相信他能夠把事情處理好。即便萬一他搞砸了，妳也要

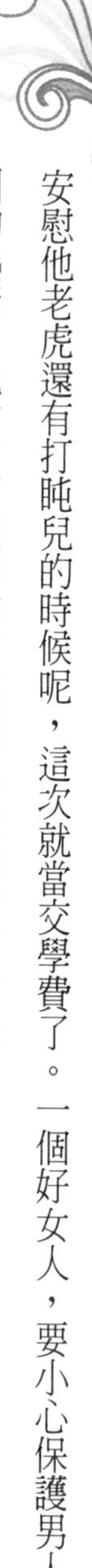

安慰他老虎還有打盹兒的時候呢，這次就當交學費了。一個好女人，要小心保護男人奮鬥的熱情，他才有可能爲妳和你們的家創造更好的未來。

感情方面女人也要給男人充分的信任，不要多疑猜忌。男人是花心，但是一個負責任的男人知道婚後什麼是該做的什麼是不該做的，大部分男人還是清楚這個界限。同時妳也應該對自己有信心，相信自己有能力讓他留在自己身邊，而不是終日惶恐著怕他移情別戀、怕他被其他女人搶走，這樣當他與朋友同學聚會時，當他和女同事一起加班時，當他單獨約見女客戶時，妳也就不至於捕風捉影日夜審訊，讓男人煩不勝煩。

前面其實已經說過了，但是再重申一下，男人的面子啊，千萬不要在他的家人和朋友面前挑戰他的忍耐極限。妳就是氣得牙癢癢也要裝作小鳥依人笑靨如花的樣子，等你們兩個人的時候再算賬，他也知道妳給足了他面子，所以不會介意吃些苦受些懲罰，讓他背妳上樓、罰他做一星期家務。

5.善待他的父母

愛屋及烏，妳愛身邊這個男人，就要想到是誰培養了這樣一個男人給妳？是他的父母，他們是妳應該感謝的人。與這個男人締結婚約，就意味著妳和他對雙方的父母都要

負起贍養和孝敬的責任，這是爲人子女的本分。

在妳面對男人的這個大家庭時，最重要也最棘手的就屬婆媳關係了，這是自古以來就讓人頭疼的問題。被稱爲「樂府雙璧」之一的《孔雀東南飛》裡面，劉蘭芝和焦仲卿的愛情悲劇就是婆婆一手造成的，而陸遊《釵頭鳳》裡的一句「東風惡，歡情薄」也被認爲是影射陸游的母親對他和唐婉的棒打鴛鴦。據一八卦組織調查顯示，在離異人群裡，有過半數的起因是不良的婆媳關係，由此可見婆媳關係對於小家庭的興亡有多大的影響。婆媳關係緊張會導致妳的家庭不幸福，婆媳關係緊張還會讓夾在中間的那個男人痛苦非常，不論從哪個角度權衡，我們都得做好這個工作，不然國將不國，家無寧日啊。

很多男人想破腦袋都想不明白，自己深愛的老婆和老媽爲什麼就不能和平共處？原因有很多，最主要的一點就是兩個女人分享一個男人的愛，這是一種天然的「情敵」關係，婆婆當然也希望兒子婚姻幸福，但她始終會有一種感覺，就是自己費心調教了這麼多年的兒子，如今長大成才了，卻屬於另一個女人了，心酸酸的感覺總會有的。沒有哪個婆婆、媳婦是一開始就奔著向「惡婆婆」、「惡媳婦」的目標上去的，她們起初都是想好好對待對方，做傳說中的好婆婆、好媳婦的。可惜的是她們本就不是一個家庭裡出來的，沒有絲毫血緣關係，又有代溝，生活習慣、消費觀念等等都不同，婆婆身爲一家之主的地位習慣了，自然會想動用自己的權威去改變媳婦，而媳婦呢，覺得新成立的小家庭應該是以她爲主的，自然也不會去附和婆婆的想法和看法。這樣一來，婆婆挑剔媳婦固執不聽話，矛盾就來了。

過分的民主就是一團亂草，每家過日子都需要有一個執行專制的人，那麼在大小家庭裡，到底應該以誰的意見爲主呢？按英語來講，兩個人婚後所組建的家庭稱做family，這時候與雙方各自家庭的關係稱做relatives，一個是家，一個是親屬。也就是說，結婚後兩個人就組成了一個獨立的小家庭，不從屬於男方父母或者女方父母任何一邊，這個小家庭裡的事務當然就是兩個人來做決定，其他人的意見只做參考。可是很多婆婆不願意主動的權力下放，一方面她還不習慣自己的權威遭到挑戰，另一方面她不放心把兒子交到這樣一個在她看來沒有足夠生活經驗的女人手裡。

有一句玩笑話是這樣說的：與老婆關係再差的男人，與丈母娘的關係都是好的；與老公關係再好的女人，與婆婆的關係都是差的。爲什麼男人能與丈母娘和睦相處呢？首

先，男人與丈母娘相處的時間遠遠少於女人和婆婆相處的時間，相處時間短，大家彼此客客氣氣，當然不會有什麼問題。其次，一旦結了婚，女方父母對女婿就不再有什麼具體的要求，只要他對自己女兒好，兩個人好好過日子就行，而男方父母對媳婦的要求則剛剛開始，要求她孝順、勤勞、聽話、顧家、簡樸等等，要求越多矛盾自然也就越多。再次，拿男人與丈母娘的關係和女人與婆婆的關係作比較，婆媳關係比較敏感，但是妳沒聽說誰家媳婦和公公鬧得不可開交吧？一樣的道理。

說這些是爲了讓妳對高深莫測的婆媳關係有個心理準備，知己知彼才能百戰不殆。怎樣做才能處理好婆媳關係，不讓它對妳的小家庭產生不良影響呢？

儘量不要與公婆合住。與公婆合住最主要的考慮一個是經濟條件，一個就是方便互相照顧，但是只要條件允許，只要公婆沒有眞的老到生活不能自理，哪怕是租房住，也儘量不要與公婆合住。這不是要妳疏遠他們，而是彼此生活習慣消費觀念等統統不一樣的人生活在一起，矛盾和摩擦也會比分開來要多得多。一起住相當於是妳要融入他們的大家庭，遵循少數服從多數的原則，當然是妳要去改變自己適應別人，而沒理由讓人一家子爲了妳而改變。天天在一起生活的人態度上難免會懈怠一點，不能做到一如既往的恭敬，而且彼此有看不慣的地方說出來是挑剔，不說出來是在心裡彆扭，與其冒著日後大家鬧到水火不容不能妥協的危險，不如一開始就阻斷這種可能性。

經常去看望公婆。既然大家沒住在一起，經常去看望就是很必要的了，一來聯絡感情，二來幫老人做些家務。看望公婆不要空手去，起碼也要帶足夠的水果蔬菜雞鴨魚肉，不要麻煩公婆收拾一家人的飯菜，要麼出去吃，要麼早點過去準備飯菜，讓公婆也安心享受點你們的孝敬。老人一般眼睛都不大好，有些危險的家務也不好做，家裡肯定會存在一些衛生死角，每次回去的時候只要不太累，就來一次大掃除，年輕人出點力氣沒什麼，只要公婆看著高興就好。

眞誠的對待公婆。有不少人言之鑿鑿的說只要妳把婆婆當親媽一樣看待，婆婆也就會把妳當親女兒一樣看待。這句話的起源肯定是個男人，因爲這根本就是男人那種簡單的對等邏輯。感情是不遵循簡單的對等原則的，尤其是女人之間的感情，不是我贈妳一個桃，妳就一定會回贈我一個梨那麼簡單。坊間還流傳一句話叫做「公司不是家，婆婆不是媽」，這才是絕大部分女人的眞實心聲。那麼，把婆婆當親媽一樣看待是錯誤的嗎？不錯，不僅不錯而且還要對婆婆加倍的好，正因爲妳們沒有血緣關係，妳還霸佔了

人家帥氣能幹的兒子，妳能不加倍的補償嗎？抱著這種想法，妳再面對婆婆的時候自然就口氣甜了笑容也燦爛了。而當妳被婆婆指責或挑剔的時候，不妨用「婆婆不是媽」來自我安慰一下，就不會覺得那麼委屈了。

婆婆永遠是對的。退一步海闊天空，無論出現什麼矛盾，都不要和婆婆爭吵，這除了會激怒婆婆和惹惱老公之外，不會有任何好處。雖然很顯然婆婆並不永遠是對的，但妳不要公然與她作對，實在迎合不了的，就來個陽奉陰違都比跟她較勁強。不論婆婆說什麼妳都不要動怒，偶爾裝裝可憐討好一下她，她心裡就會很舒服，而實際上她也不能眞的把妳怎麼樣，就是拿出家長威嚴來說妳兩句出出氣，誰讓咱是晚輩呢。

把心放寬別記仇。即使妳和婆婆都很好脾氣，都很小心翼翼，也不可能不生矛盾。妳想啊，跟自己媽媽還經常有意見不一致互相看不順眼的時候，更何況是跟婆婆呢？如果不幸發生了口角，不管誰對誰錯妳一定要先低頭緩和，婆婆怎麼說也是長輩，讓她遷就妳總是不合適的。而且事情過去就過去了，不要放在心裡，總記著不開心的事對自己對他人都是一種負擔。

在物質上要大方。給公婆買東西一定要比給自己買還大方，給自己和自己老媽買衣服，換季的打折的都沒問題，如果是給公婆買，人家八成心裡就要犯嘀咕了。原則就是寧可少買點，件件都是精品，好過買了一大堆，沒有人家看得上的。而且給公婆買東西最好帶著老公一起挑，一是讓他比較清楚錢是怎麼花出去的、花了多少，二是萬一公婆不滿意，說是老公幫著挑的他們也就不好說什麼了。同理，送出去的時候最好也要當著老公的面，把一切工作都落實在桌面上。至於要不要直接給錢，就看各家的具體情況，有些老人妳直接給錢他很開心，有些卻會覺得你們是懶得費心思，沒有人情味。

不要在公婆面前說老公的缺點。對於老公的缺點，你們單獨相處的時候怎麼批判怎麼改造都沒關係，切記千萬不要在公婆面前表露對老公的不滿，即使這些缺點是現實存在的，是公婆也看不慣的，但妳就是不能說。不要老實得聽到婆婆說老公懶，妳也就跟著添油加醋，沒有任何一個母親願意聽到別人說自己孩子的壞話，不論是不是事實。這兒子是她含辛茹苦教育起來的，妳否定她兒子就是否定她的培育成果，就是間接的否定她，她能不對妳雙眼冒火嗎？

不要在婆婆面前和老公太親熱。不要在公共場合太親密，這是公衆禮儀之一。雖然公婆都是自家人，但行爲舉止還是要注意一下，尤其是婆婆，妳和老公太親密了她會吃

醋的。

6.不要搞經濟制裁

經濟制裁是指採用斷絕外交關係以外的非武力強制措施，一般常見的方式有：實施貿易禁運、中斷經濟合作、切斷經濟或技術援助等。家庭裡的經濟制裁就比較簡單了，概括來說就是：每月薪水上交、按時發零用錢、大額資金提前申請嚴格審批。大多數的家庭經濟大權都在妻子的手中，一是因爲妻子負責大部分的家庭日用開銷，男人是不屑於管理這些小事的；二是把錢交到女人手裡更能讓女人覺得有安全感，是男人愛家顧家的表現。女人獨攬經濟大權，被制裁的當然就都是男人了，女人搞經濟制裁還通常振振有詞：「男人有錢就變壞。」爲了保證男人的純潔，限制他的錢包是很重要的。但問題是女人妳想過沒有，像男人這麼愛面子的動物，當著朋友的面打開錢包只有幾張鈔票，他會是什麼感覺？女人要維護男人的面子，也包括維護他的錢包這一項，千萬不要讓他連請頓午飯、買包煙都覺得囊中羞澀。妳希望妳的男人是個頂天立地的男子漢，要培養他的風度和氣質，就不要讓他錢包空空心裡沒底。

7.溫柔的對待妳的男人

家有河東獅是件讓男人很鬱悶的事情，妳大聲叫囂的時候自己是爽快了，可是男人呢？他乖乖聽著就顯得怕老婆，沒有男人氣概，如果跟妳對著吼，跟女人計較又未免太沒有風度。同樣的觀點，用委婉的話來表達就不容易遭人反感，同樣的話，用溫柔的語氣來講就比較容易讓人接受。溫柔是身為妻子的女人不可缺少的基本資質和品性，溫柔很自然的和善良、同情、體貼這些富有女性特質的詞語聯繫著。一個溫柔的女人，心底必然蘊藏著深刻而綿長的愛，讓他身邊的男人寧靜、沉醉、如沐春風。

8.在家少談工作

很多女人覺得過問一下男人的工作情況是關心他的表現，可是從男人的角度看就未必如此了。男人習慣於把各種關係理得很清楚，就好像女人用來存貯小東西的儲物格一樣，項鏈、耳環、絲巾都分門別類的歸納好，男人雖然喜歡把衣服襪子亂扔，卻把各種人際關係歸納到一個個小框裡，朋友、家人、同事、同學，跟不同框框裡的人有不同的話題。家的最主要功能是休憩和整理，是男人可以完全放鬆的一個空間，如果在他回到這個空間裡的時候妳還喋喋不休的追問他工作上的事情，跟他討論工作規劃，教他怎麼跟上司同事處好關係，那跟他在辦公室有什麼區別？女人想做賢內助的心情我可以理

解，但是賢內助不是這樣當的，如果妳自己在人際關係上很有一套，可以平時就幫他把該聯繫的關係都聯繫好，該鋪陳的都鋪陳好，認識的人多了，妳的資訊自然也會比較豐富，如果他在人事上遭遇什麼障礙，即使他不說，妳也很可能會聽到些風聲，畢竟世上沒有不透風的牆啊。如果妳術業有專攻，可以在工作上幫到他，最好也是旁敲側擊，妳輕輕一問，他如果願意跟妳說，那表明他對妳的參與不反感，妳就可以放心的和他討論。如果妳問了他還不想說，就表明至少現在他還不想把這個問題擴大，他認爲自己有能力解決，妳就不要還一遍遍問個沒完，不如給他足夠的信任和足夠的空間去解決問題。

9.給他的愛不要太沉重

無論妳和他有多麼相愛，都不要把自己一生的幸福押在他身上，不要要求他對妳的一輩子負責，這不是愛，是索取。眞正的愛首先是要付出的，是建立在雙方都願意爲對方付出的基礎上。最好的關係存在於對別人的愛，勝於對別人的索求之上。不要經常對他說「沒有你簡直不知道該怎麼活下去」、「沒有你人生還有什麼意義」、「你要對我負責哦」、「我們的未來就全靠你啦」之類的話，他也許會感動，但聽多了就會成爲隱憂。太沉重的愛是一種負擔。我們每個人都是單獨的個體，你們現在相愛著是福分，但他沒有義務也沒有能力承擔起妳一生的幸福，自己的幸福首先是掌握在自己手裡，要靠自己去把握的。

趙航，三十一歲，公務員

趙航與靜雯的相識很偶然，趙航因公事去靜雯的單位，兩人在門口擦肩而過，當時還單身的趙航忽然覺得這個姑娘看起來不錯，然後就找相熟的朋友打聽情況，讓朋友幫忙牽線搭橋。事情進行得很順利，兩個人對彼此都滿意，很快就談婚論嫁了。婚後過著很平靜的生活，像所有普通的夫妻一樣。後來靜雯懷孕了，本來是件高興的事，可靜雯的身體卻出了狀況。原來她有輕微的先天性心臟病，懷孕之後心臟有些不堪負荷。趙航知道這消息很擔心，得知沒什麼大問題之後又覺得很氣憤，他說：「我們都已經結婚了，她難道不清楚我是什麼樣的人嗎？即使我知道她有先天性心臟病也不會嫌棄她，她為什麼之前不告訴我呢？現在還好沒有什麼大問題，如果就這樣貿然懷孕，出了問題怎麼辦？」事情的最後，母子平安，但趙航和靜雯之間，卻始終因為當初的不信任不坦白而有了些許的隔閡。

相伴遨遊先收刺

在這樣一個標榜獨立自由環境裡長大的一代，骨子裡個性的東西太多，從小得到的嬌寵太多，認爲一切幸福都是伸出手就可以得到的，從而不願意爲對方做出任何的改變，不願意做任何的讓步，甚至沒有足夠的耐心讓彼此度過磨合期。其實上天安排給妳的一切，都不是隨隨便便就能拿到手的，必須經過磨礪，經過蛻變，才能採擷到最甜美的果實。在生命的長河裡釣到屬於妳的那條魚並不是故事的結尾，要和他一起相伴遨遊，還有許多的事情要做。

1.收斂鋒芒

兩個人的相處往往像兩隻刺蝟，渴望擁抱著取暖，可太近了又會被彼此身上的刺傷到，只能在一次次的傷害裡找到最合適的距離，遠到足以避開利刺，近到可以感受彼此的溫度。任何兩個人都有著不同的家庭背景、成長經歷，這就注定了沒有任何兩個人是完全相同的，既然不同就必然會在爲人處事上出現不和諧，在生活中出現爭執。兩個人過日子，眞正出現原則問題的時候少之又少，關鍵是兩個人誰都不服誰，誰都不願意先擺出和解的姿態，這樣僵持下去，問題解決不了，兩個人的感情也會慢慢出現裂隙。其

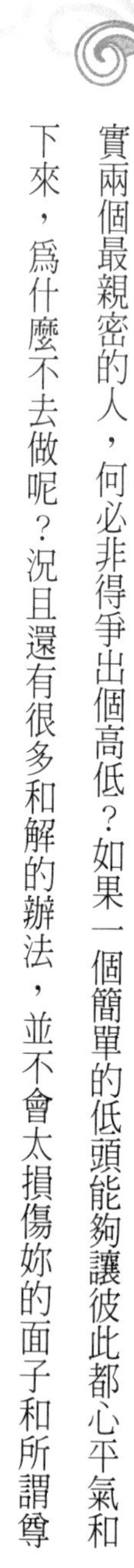

實兩個最親密的人，何必非得爭出個高低？如果一個簡單的低頭能夠讓彼此都心平氣和下來，爲什麼不去做呢？況且還有很多和解的辦法，並不會太損傷妳的面子和所謂尊嚴。

輪流道歉制。遭遇僵持不下的局面，約定好大家輪流道歉，總要有個人先破冰，這次是妳，下次是他，一旦形成規矩，就不牽涉面子問題了。

書信交流法。人在發生爭執時通常都比較激動，不能冷靜思考和權衡利弊，只想逞一時口舌之快。等心情平靜了，可以藉書信的形式交流，人在看文字的時候，心情比較平靜，思路比較清晰，更容易理智的分析、解決問題。

嚼冰法。這個類似於潑冷水，又不會導致感冒，但腸胃功能弱者慎用。若發現兩人有情緒失控的徵兆，不妨去冰箱裡取些冰塊，各自少說兩句話，先嚼著。低溫可以很好的刺激人的神經，嚼冰塊的時間也有利於調整一下情緒，組織一下語言，屬於強制冷靜法。

突然死亡法。其實不是突然死亡，是緊急叫停。在爭執過程中，如果有一方還比較清醒和冷靜，不妨緊急喊停，雙方分開各自冷靜一下，重新思考解決問題的辦法，重新

討論而不是爭吵。

自我批評法。準備一個專門的筆記本，每次爭執過後都紀錄一下爭執起因和過程，兩個人都寫個自我批評的檢討，有利於在自我批評的過程裡不斷發現自己的問題，不斷改正和完善。

2.適當的坦白

婚姻中的兩個人該不該有秘密？我想這個問題應該分兩個方面來回答，已經過去的、可能會對你們的感情和生活產生負面影響的、非常私人化的問題可以作爲自己心底的小秘密，每個人的內心深處都應該允許有一塊最隱私的空間，這是很正常的；而其他比較平常化的東西，該坦白的還是要坦白，畢竟兩個人要一起走以後的日子，是需要些必要的瞭解和信任的。有些該讓他知道的東西，妳自己沒有說，如果以後他透過其他管道知道了，很容易讓他對妳產生猜忌，他會想妳到底還有多少東西隱瞞著我？這是很本能的反應，而人一旦開始互相猜忌，就是感情破裂的開始。

3.培養默契

經常會見到夫妻倆在面對一件事情時做出同樣的表情、動作，脫口而出同樣的話，這就是兩人在共同生活裡逐漸培養起來的默契。默契是怎樣產生的呢？兩個原本有很大差異的人，在共同生活中因爲耳濡目染而互相影響，漸漸形成相似的思維方式和表達習慣，在面對同樣的問題時，就容易不約而同做出同樣的反應。默契是個很玄妙的東西，它會讓兩個人產生心有靈犀一點通的親密感，減少兩個人的分歧和爭吵，所以培養默契也是婚姻裡的必修科目。

如果你們有共同的興趣愛好，就把它發揚光大，如果沒有共同的興趣愛好，就努力培養一個出來，這會讓你們擁有更多的共同話題。可以兩個人一起做的事情很多：各種棋類、球類，游泳可以一起遊，音樂可以一起聽，電影可以一起看。

可以一起做的家務，儘量一起做，這樣不僅可以減少一個人做的無聊感和不平衡感，還有助於培養兩個人互助協作的精神和對於家的責任感，當然在勞動的同時，也增進你們的默契。妳掃地的時候可以分配他擦桌子，妳洗碗的時候他可以負責澆花，妳做飯的時候他可以準備餐桌。

經常交流一下彼此對事物的看法，多溝通多交流，瞭解對方的眞實想法，默契是建立在熟悉和瞭解的基礎之上。

4.保持各自的獨立空間

即使結了婚，你們也還是兩個獨立的人，在彼此信任和瞭解的基礎上應該適當保有自己獨立的空間，有自己的愛好，有自己的朋友，有自己的事業。獨立的空間可以讓雙方保持一點神秘感，而適當神秘感可以保持彼此的新鮮感。你們隨時有新的驚喜給彼此，生活才不至於太平淡，激情不是婚姻生活的常態，但偶爾的激情可以促進感情，讓兩個人在對方眼裡保持一個有魅力的形象，而不是熟悉到一眼就能看透。

5.不要洩露男人的隱私

男人的隱私，不妨說得明白一點，就是男人的性能力。女人與閨中密友之間向來都是無話不談，而且絕對是無限制不分級的，所以經常就在聊得興起之際把自己男人那點事兒也抬上桌面說了。男人一般不太喜歡女人的閨中密友大多也是因爲這個原因，在她面前覺得自己像被剝光了一樣無地自容，這個閨中密友對他的做愛套路和敏感帶瞭若指掌，甚至每次的平均時間和最喜歡的體位都很清楚。如果男人這方面很好很強大，尷尬之餘他可能還會有那麼一點點的洋洋自得，可如果是很普通甚至不及格，他就會感覺灰溜溜的抬不起腦袋，這位閨中密友假如再向他狡黠的眨一下眼睛，男人臉皮不夠厚的話

就得滿屋子找地縫鑽了。

6.不要把內部紛爭擴大

兩個人有紛爭，自己悄悄的內部解決，哪怕摔幾個盤子砸幾個碗，也別鬧到雙方父母那裡去。你們本來是一心要解決一個問題，可在父母插手之後不自覺的就會跟各自父母站在一個立場上，本來只要有一方做個和解姿態就能了結的事情，卻因爲父母不願意自家孩子被欺負、孩子不願意自家父母遭遇不公平待遇，而無法了結，紛爭就愈演愈烈。

開心的事情，越多人知道越好，他們會給妳的快樂推波助瀾，而吵架鬥氣的事情，越少人知道越好，否則人多心雜，遲早演變到妳無法控制。

7.不要讓閨中密友插手妳的家務事

清官難斷家務事，更何況是閨中密友。向閨中密友徵求意見的問題，最好就控制在哪雙鞋子更高雅、哪套衣服更配妳這樣的範圍內，至於你們的家務事，她不如妳瞭解妳的家庭，也不如妳瞭解妳的老公，雖然說當局者迷旁觀者清，可到底與妳的生活息息相關，閨中密友的意見聽聽則已，別拿著當靈丹妙藥一股腦兒灌進去。能成爲妳閨中密友

的人，交情自然不淺，相信她在出主意的時候會站在妳的立場考慮，可即使如此，被閨中密友的所謂妙招折騰得死去活來、弄巧成拙的例子比比皆是。

如果妳的密友單身，那麼她沒有婚姻實戰經驗，她所有的觀點和經驗都來自於道聽途說和紙上談兵，這就像是把一個重要的大案交給一個初次上陣的嫩法官。如果妳的閨中密友已婚，請先確認她自己的婚姻是否幸福，如果不幸福，她已經搞砸了她的婚姻，妳還敢把自己婚姻的生死也交到她手裡嗎？即使她幸福，她的經驗也是建立在個體而非群體上的，她的經驗妳可以借鑒，具體怎麼做還是要依現實情況具體分析。

8.設定生活目標

結婚是一段新生活的開始，之後的路怎麼走要靠兩個人的努力，爲了讓未來盡在掌握，我們需要設定一些生活目標，保證在大方向上是向大家希望的前景上靠近。恰當而充滿誘惑的生活目標可以激發人的潛能，保持人們對生活的熱情。

生活目標可以分爲近期和遠期的，近期的需要考慮較多的現實問題和可操作性，需要考慮比較多的細節來保證它的實現，而遠期目標就可以唯美一點浪漫一點天馬行空一點。近期目標包括：工作上的發展，薪水的增長，生寶寶的計畫，旅遊計畫，充電計

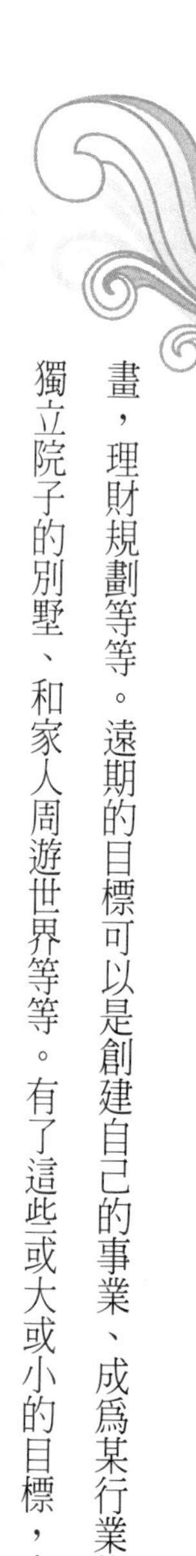

畫，理財規劃等等。遠期的目標可以是創建自己的事業、成爲某行業的翹楚、買一棟帶獨立院子的別墅、和家人周遊世界等等。有了這些或大或小的目標，人生就有了比較明確的目的，知道自己想要過什麼樣的生活，也知道應該怎樣做才可以更接近夢想。

9. 製造浪漫

浪漫是平淡生活裡的調味料，它不能增加生活的份量，但是可以增加生活的味道。浪漫可以讓人暫時脫離現實，去享受純粹的輕鬆快樂。有些東西，是生活中永遠都需要的浪漫：

玫瑰。永遠是愛情的代言人，雖然很俗套可永遠都那麼有效。送花當然是男人的傳統，不過偶爾出其不意送他一束，保證他會很驚喜呢。

燭光晚餐。浪漫是女人喜歡的調調，男人嘛，更注重實際一點的，用燭光晚餐調情之後，不妨來個香熏、按摩的全套服務，當然啦，最後的甜點最好是妳自己。

用很多很多種語言說「我愛你」。在平凡的日子裡，是不是很久沒有向他說過「我愛你」了，那不妨來個大爆發，用各種語言轟炸他的耳朵，讓他感動的不止是這三個字，更是妳的心。英語 **I love you**、法語 **Je t'aime**、義大利語 **Ti amo**、德語 **Ich liebe**

Dich、荷蘭語Ik houd van u、日語愛してる、葡萄牙語Eu te amo、俄語Ялюблю вас、西班牙語Te quiero……

看一場愛情電影。浪漫也可以很平實，兩個人在柔軟舒適的臥床上，互相依偎著看一場煽情的電影不是也很愜意嗎？如果是場能勾起你們美好回憶的老電影，那就更完美了。

10.一些特殊的小習慣

當妳與一個陌生人初次相見時，他會留給妳什麼樣的印象大多取決於他身上最與眾不同的東西。譬如，妳沒記住他的長相，但記住了他腳上那雙很拉風的鞋子；妳沒記住他的衣著，但記住了他剃得光光的腦門；妳沒記住他的名字，但記住了他富有磁性的聲音……跟我們生活在一起的人也是，當你們暫時分開不能在一起的時候，他最先想起來的是妳最具特點的東西，他會因爲妳幫他養成的那些特殊的小習慣而想念妳。

比如，妳和他用固定的香水或者洗髮水，給他準備固定牌子的內衣和襪子；妳每天早上都用淡鹽水刷牙，飯後用茶水漱口；週末親手煮現磨咖啡，做精美的小點心，當他有一段時間沒機會享用時，就會懷念它們的味道；每天出門前親吻，下班回到家擁抱，

當你們因故沒能在一起時，他的心和懷抱都會感覺空蕩蕩的。

11. 留住快樂記憶

生活有甜蜜有苦澀，記憶當然也有快樂有悲傷，為了更樂觀的面對未來，悲傷部分可以留白，而給快樂的部分塗上濃妝重彩。快樂的記憶是通往幸福大門上的一把鑰匙，兩個人的生活裡如果處處都留存著快樂記憶的影子，那麼遇到再大的挫折和打擊兩人都會有足夠的渴望和信心去戰勝。

準備一本「快樂隨筆」吧，把日常發生在你們身上快樂幸福的事情都紀錄下來，還可以畫些漫畫寫個批註來做點綴。很多瑣碎的快樂都會被我們遺忘，記下來會讓妳真實的感覺到妳和他的生活原來很幸福。每人準備一個筆記，專門記載對方做過的讓妳感動和快樂的事情，例如他特意學做了妳最愛吃的菜、妳親手給他織了條圍巾。每個人只要記得對方為妳做過什麼就好，閒來翻看時妳會感受到「得到」的快樂。

在重要日子裡留下影像資料或者錄製給對方的「真愛告白」，不怕搞笑不怕肉麻，平日大家都難得坦率表露自己的感情，這時候可以把想說的愛和感謝淋漓盡致的發揮出來。

12.感恩的心

最後，我們一定要懷著一顆感恩的心面對生活，面對將與我們一起終老的那個男人。他也許不夠英俊，也許不夠風趣，也許不夠體貼，也許不夠成熟，可他是上天送給妳的禮物。在婚姻裡，不要總算計著自己失去了什麼，而要想想自己得到了什麼。等妳年華老去時，妳才會感覺到，有一個人依然能陪妳聊天，有一個人依然能陪妳看日出日落，有一個人會用滿是皺紋的手撫摸妳花白的頭髮，有一個人會用渾濁的眼睛凝視妳已老去的容顏，有一個人分享了妳有風雨有陽光的每一天、分享了妳所有的快樂和哀愁，有一個人熟知妳的一切甚至比妳自己記得的還要多還要好……只要彼此都用心，那個人就是妳身邊的他。

雪兒，二十六歲，平面設計

雪兒的男朋友是她自己主動追到手的，大家同一個圈子，經常在一起吃吃飯喝喝酒，跟老丁倆人也算是聊得來，雪兒覺得老丁能力不錯經濟還行，關鍵是人老實，應該是那種借他幾個膽子也玩不出婚外情的人。可老丁實在是老實得過了頭，即使對雪兒有點意思也是隻字不提，最後還是雪兒直接衝老丁說：「做我男朋友吧！」倆人這才成了好事。可沒想到老丁有點ED症狀，ED者，Erectile dysfunction，勃起功能障礙。雪兒是老丁的第一個女朋友，按老丁的話來說：「我一直以為自己很正常，沒想到我居然不正常。」雪兒是又氣又笑，跟幾個閨中密友說：「哎，妳們說我是幸運呢還是不幸呢？我居然遇到個處男，夠誇張吧，可更誇張的是這個處男居然ED！」雪兒倒是很看得開，覺得沒什麼，就這麼過吧，但隱私被曝的可憐老丁差點兒因此又患上自閉。

結語　逍遙游

兩個相愛的人婚後需要攜手走過很漫長的歲月，在一日日的相伴中，激情慢慢走遠，細水長流才能讓我們更加耐心的品味家的溫馨與愛情的甜美。每顆種子都曾經是一朵美麗的花，但並不是每朵花都有機會長成種子，同樣，每一對白頭偕老的人都曾經有過最美好的青春與愛情，但並不是每一場華麗的愛情都能相守到白頭。

曾經在港口工作的一個朋友告訴過我這樣一個故事。因爲人手不足，港口外聘了一位已經退休的老引航員，這位老人每次來港口都帶著他的老伴兒，船未進港時他們靜靜的在辦公室坐著，小秘書給他們倒茶，第一杯茶他們總是要推給對方先喝。船要進港時，老人跟隨引航船出海，他的老伴兒就站在港口最外端的碼頭邊，翹首遠望，海邊的碼頭有很大很大的風，吹起她的白髮在風裡飄舞。直到老人完成工作下船上岸，他們兩個才又並排著安靜離開，並不牽手，可他們的背影裡滿滿寫著的都是愛。

那位朋友不只一次的跟我講這個故事，每次眼睛裡都是很嚮往的目光，他說妳知道嗎？每當這時候我們整個辦公室的人都不工作，趴在視窗看這兩位老人。其實不止是他，我每次在街頭、在公園看到白髮同行的伴侶時，也經常感動得眼睛都濕潤，兩個人攜手走到生命的盡頭，需要太多的理解、包容、默契和忍耐，還需要堅定持久的愛，不是每個人都有機會經歷這些。

人生得一貼心伴侶不易，爲了他的到來，妳已經等待了無數個晨昏，花了那麼多心思。等一切塵埃落定，你們就像兩條魚兒，相伴遊弋，不離不棄，直到終老。這會是愛情最美麗的結局。

國家圖書館出版品預行編目資料

一本讓女人抓住男人的談愛教本／李意昕著.
——第一版——臺北市：知青頻道出版；
紅螞蟻圖書發行，2011.3
面　　公分——
ISBN 978-986-6276-61-3（平裝）

1. 兩性關係 2.戀愛

544.7　　　　100002718

一本讓女人抓住男人的談愛教本

作　　者／李意昕
美術構成／Chris' office
校　　對／周英嬌、楊安妮、朱慧蒨
發 行 人／賴秀珍
榮譽總監／張錦基
總 編 輯／何南輝
出　　版／知青頻道出版有限公司
發　　行／紅螞蟻圖書有限公司
地　　址／台北市內湖區舊宗路二段121巷28號4F
網　　站／www.e-redant.com
郵撥帳號／1604621-1　紅螞蟻圖書有限公司
電　　話／(02)2795-3656（代表號）
傳　　真／(02)2795-4100
登 記 證／局版北市業字第796號
港澳總經銷／和平圖書有限公司
地　　址／香港柴灣嘉業街12號百樂門大廈17F
電　　話／(852)2804-6687
法律顧問／許晏賓律師
印 刷 廠／鴻運彩色印刷有限公司
出版日期／2011年 3 月　第一版第一刷

定價 240 元　港幣 80 元

ISBN 978-986-6276-61-3　　**Printed in Taiwan**